FRÈRE AVEC VOUS,
PRÊTRE POUR VOUS

Conception couverture : © Christophe Roger
Composition : Soft Office (38)
Relecture : Le Champ rond

89, bd Auguste-Blanqui – 75013 Paris
www.editions-emmanuel.com

ISBN : 978-2-38433-158-1
Dépôt légal : 2e trimestre 2024

Jacques Gomart
Bertrand et Faustine Carron

FRÈRE AVEC VOUS, PRÊTRE POUR VOUS

Quelle place pour les prêtres dans l'Église aujourd'hui ?

Éditions Emmanuel

« Que tes prêtres soient vêtus de justice,
que tes fidèles crient de joie ! »

(Ps 131, 9)

À nos lecteurs,
À tous les baptisés,
Aux prêtres et aux séminaristes,
À l'évêque, au presbyterium
et au diocèse de Luçon,
À la communauté de l'Emmanuel,
À nos familles, filleuls et amis.
Pour Mayeul, Flore, Etienne et Guilhem

INTRODUCTION

« Le monde est en feu. Ce n'est pas le moment de traiter avec Dieu d'affaires de peu d'importance[1] ! » Incisive et lucide, cette conviction exprimée par sainte Thérèse d'Avila au XVIe siècle semble plus pertinente que jamais. L'actualité ne manque pas en effet de lignes d'incandescence, tant aux plans international et national qu'au plan ecclésial. Reste cependant à préciser la nature de l'incendie, dont l'image est ambivalente. C'est malheureusement le feu destructeur des guerres, du terrorisme, des divisions et des scandales qui occupe le devant de la scène et des médias. Mais c'est aussi le feu de l'Esprit Saint et de la charité, moins facilement visible à l'œil nu, qu'évoque cette image déjà présente dans l'Évangile : « *Je suis venu allumer un feu sur la terre et comme il me tarde qu'il soit allumé !* » (Lc 12, 49).

Réalisé à la Pentecôte, ce désir ardent qui habitait le Cœur de Jésus nous appelle lui aussi à ne pas céder à l'éparpillement, en nous focalisant sur des enjeux

1. Sainte Thérèse d'Avila, *Le Chemin de perfection*, chap. I, 1566.

secondaires ou des questions éphémères, au risque de se tromper de combat. « Il faut que ça brûle ! » aimait ainsi à redire Pierre Goursat (1914-1991)[1], à l'origine de la communauté de l'Emmanuel, encourageant ses frères et sœurs dans la foi à garder vive la flamme de leur baptême, renouvelée par l'expérience de l'effusion, toujours actuelle, de l'Esprit Saint. Il faut que ça brûle dans nos cœurs de disciples du Christ, pour que le feu de l'amour de Dieu se propage de cœur en cœur. Pour que la lumière de la foi, de l'espérance et de la charité l'emporte sur les ténèbres de toutes sortes, en nous et autour de nous.

Dès lors, pour reprendre l'expression de sainte Thérèse, quelles sont les « affaires importantes » dont il convient de se préoccuper ? La liste peut être longue. Et dépendra pour une large part de la vocation et du génie propres à chacun. Il ne s'agit donc pas ici d'être exhaustif, mais simplement d'apporter une contribution au bien commun de l'Église, à partir d'une expérience vécue dans la communauté de l'Emmanuel. Cet ouvrage – à mi-chemin de l'essai et du témoignage – voudrait ainsi évoquer deux « affaires importantes » : le sacerdoce et la communion. L'urgence à mes yeux n'est pas aujourd'hui de définir ce que sont les prêtres : la Tradition vivante de

1. Cf. F. Kohn, A.-L. Glaisner, *Pierre Goursat, fondateur de la communauté de l'Emmanuel. Une vie dans le souffle de l'Esprit Saint*, Paris, Emmanuel, 2023.

l'Église tout comme son magistère récent nous le disent clairement. La question actuelle est bien plutôt : *comment* être prêtre ? Et pour les fidèles laïcs : comment les situer et se situer avec eux ? La « crise des abus » et l'appel vigoureux du Saint-Père à lutter contre tout cléricalisme nous posent clairement ces questions.

En ce temps d'une « troisième guerre mondiale livrée par morceaux » selon l'expression du pape François, dans le contexte incertain et fragmenté d'une « société liquide »[1], où la nation française – pour ne citer qu'elle – peut être décrite comme un « archipel[2] », et alors que la « distanciation sociale » préconisée lors de la pandémie de Covid-19 a illustré le drame de la solitude et le paradoxe d'une société tiraillée entre inclusion et individualisme, la communion représente en effet un enjeu majeur pour notre monde contemporain. Et pour l'Église aussi, envoyée en mission dans le monde, « jusqu'aux extrémités de la terre ». Au sein même de celle-ci en effet, les remous ne manquent pas, son unité semblant malmenée à plus d'un titre. De la profonde crise des abus à la question liturgique, en passant par une diversité de positions sur certains sujets de société ou de pastorale, la communion peut sembler être davantage un horizon lointain qu'une réalité actuelle.

---

1. L'expression est de Zygmunt Bauman, sociologue de nationalités polonaise et britannique (1925-2017).

2. Cf. J. Fourquet, *L'Archipel français*, Paris, Seuil, 2019.

Mais de quoi s'agit-il lorsque nous parlons de communion ? De consensus ? D'unanimité ? De compromis consentis pour maintenir coûte que coûte l'unité, fût-elle de façade ? Cela vaut la peine d'approfondir cette notion, dont on peut ne pas soupçonner d'emblée toute la densité, mais que saint Jean-Paul II décrivait en 1988 comme « l'idée centrale que l'Église a remise en lumière pour se définir elle-même dans le concile Vatican II[1] ». La communion, idée centrale pour appréhender la façon dont l'Église se comprend elle-même, dans un regard de foi : ce n'est pas rien ! En ce temps où l'Église vit de façon plus consciente et réfléchit sa dimension « synodale », sans doute avons-nous intérêt à revisiter l'« ecclésiologie de communion », qui en est la source.

Au service de la communion, les prêtres ont une place particulière à tenir. L'imposition des mains de l'évêque et du *presbyterium*, reçue au jour de notre ordination, nous insère en effet dans un ordre, dans une fraternité sacramentelle, ordonnée précisément à servir la communion de l'Église et son élan missionnaire. Si nous sommes dès lors « ministres de la communion », autrement dit ses serviteurs, nous n'en avons bien sûr ni le monopole, ni toutes les clefs. Comme pour la communion, il vaut donc la peine aujourd'hui d'approfondir notre compréhension et notre représentation du sacerdoce. Pour servir à notre

1. Saint Jean-Paul II, exhortation apostolique *Christifideles laici*, 19, 1988.

juste place comme prêtres. Pour que les fidèles laïcs ou consacrés puissent situer les prêtres avec justesse. Pour servir ensemble avec passion la mission de toute l'Église.

Le séisme suscité par la crise des abus sexuels, de pouvoir et de conscience, révélés ces dernières années, avec une ampleur et une force à la limite de l'insoutenable dans le rapport de la commission Sauvé, renforce l'urgente nécessité de nous purifier de tout « cléricalisme », au sens d'un mauvais positionnement dans le corps ecclésial et les relations pastorales. Nous y parviendrons d'autant mieux que nous accueillerons avec justesse la réalité du sacerdoce du Christ, auquel il associe son Église, à savoir tous les baptisés, et de façon particulière les évêques, successeurs des Apôtres, avec les prêtres, leurs collaborateurs dans le sacerdoce ministériel.

« Nous sommes le Corps du Christ, [...] chacun reçoit la grâce de l'Esprit pour le bien du corps entier », chantons-nous en nous appuyant sur l'enseignement de saint Paul dans sa première lettre aux Corinthiens. C'est précisément le propre d'un « charisme » d'être reçu de l'Esprit Saint pour le bien de tout le corps de l'Église et la fécondité de sa mission (cf. 1 Co 12, 7). Les pages qui viennent voudraient ainsi partager simplement – fraternellement – un émerveillement et une joie vécus dans une communauté singulière, mais « pour le bien du corps entier ».

Ordonné prêtre en 1997, pour le diocèse de Luçon, en Vendée, j'ai rencontré la communauté de l'Emmanuel au cours de mes années de séminaire à Nantes, et discerné progressivement que ma vocation diocésaine pouvait s'articuler avec l'appel à devenir membre de cette association internationale de fidèles de différents états de vie, laïcs, consacrés et clercs. J'y goûte depuis la grande joie – et les défis – de la communion entre baptisés appelés à suivre le Christ par des chemins de vie différents, dans le célibat, le mariage et la vie de famille, la vie consacrée ou encore le diaconat permanent et le sacerdoce ministériel, mais attelés ensemble au service de la mission de l'Église, dans le monde tel qu'il est. Si nos états de vie diffèrent, l'appel universel à la sainteté nous est commun, avec le don de la fraternité et de la mission d'évangélisation confiée par Jésus à ses disciples, où chacun peut apporter sa contribution propre, stimulé par la confiance bienveillante de ses frères et sœurs dans la foi.

Ces pages ne pourront dès lors être fidèles à la grâce dont elles souhaitent témoigner que s'il s'y reflète cette interaction d'états de vie différents, vécue sur un mode fraternel à la fois reçu comme un don et choisi consciemment. Elles seront ainsi enrichies par le regard d'un frère et d'une sœur de communauté, laïcs et mariés, Bertrand et Faustine, qui apporteront à cet essai leur contribution et leur témoignage propres. Plus jeunes que moi de quelques années et parents de quatre enfants, j'ai eu la joie de les rencontrer alors que, eux habitant en Anjou et moi en Vendée, nous faisions partie de la même « province » communautaire, dont ils ont été les responsables, et donc

« mes » responsables au sein de la communauté de l'Emmanuel. Nous avons ensuite servi ensemble à plusieurs reprises, notamment pour la mise en place des « foyers de lumière », parcours de ressourcement pour les couples ayant terminé une responsabilité et désireux de prendre du temps pour eux, en vue d'approfondir leur vocation à la sainteté et à la mission dans le mariage. Après avoir œuvré ensemble en faveur des couples, je me réjouis et les remercie d'écrire à plusieurs mains en faveur des prêtres !

Leur expérience, leur réflexion et leur parole seront en effet précieuses pour nous aider à penser et à vivre concrètement aujourd'hui le ministère sacerdotal non pas comme un en-soi, mais comme une relation permanente avec d'autres, comme une mission de communion au service de tous les membres du corps ecclésial, qui ne peut pas être vécue sans collaboration effective avec eux. C'est en effet seulement ensemble, fidèles du Christ, laïcs, consacrés et clercs, que nous pouvons vivre et annoncer la bonne nouvelle de l'Évangile et ainsi contribuer à « répandre sur tous les hommes la clarté du Christ, qui resplendit sur le visage de l'Église[1] ». Seul Jésus est la *« lumière des nations »*, l'*« astre d'en haut qui vient nous visiter »* (Lc 1, 78) pour dissiper les ténèbres du mal et de la mort. Mais il veut que son Église, telle la lune qui n'en

1. Concile Vatican II, *Lumen Gentium*, 1.

est pas la source mais la reflète, partage généreusement sa lumière à tous les hommes. Car, par lui, avec lui et en lui, « le Père éternel veut élever tous les hommes à la communion de sa vie divine[1] ».

1. *Ibid.*, 2.

I
AVEC

« Avec vous, je suis chrétien. »
Saint Augustin

1. LA GRÂCE DES FRÈRES

La journée avait été dense. En prenant d'un pas résolu la direction du métro pour rejoindre la gare Saint-Lazare, mon retard était déjà prévisible… Après un dernier tronçon à pied, j'arrivai effectivement chez Matthieu et Aurore alors que la prière de louange était déjà bien entamée. Quelque peu essoufflé, je saluai mes « frères et sœurs de maisonnée » d'un signe de tête ou d'un rapide clin d'œil, heureux d'avoir trouvé la porte entrouverte, favorisant une arrivée aussi discrète que possible. À l'issue du dernier chant, Luc se tourna alors vers moi : « Jacques, as-tu prié tes vêpres ? Sinon, veux-tu que nous les priions ensemble ? »

Il était déjà 21 heures et, pris par l'enchaînement des transports et quelques messages à traiter sur mon téléphone, je n'avais en effet pas encore prié l'office du soir, que prêtres et diacres s'engagent à célébrer quotidiennement. « Je les prierai en fin de soirée », répondis-je, à la fois surpris et touché par la pertinence de la question. Mais sans la moindre hésitation, tous se joignirent à la proposition de Luc et au chant des vêpres. Je les chantai ainsi, avec mes frères et sœurs de « maisonnée », célibataires laïcs ou pères et mères de famille, touché par leur délicatesse et heureux qu'ils s'associent avec moi à la prière de l'Église.

Cette anecdote m'a durablement marqué, tant elle est révélatrice d'une réalité profonde. Et simple à la fois : celle de la « communion des états de vie ». Les vocations dans l'Église sont aussi diverses et nécessaires que les différents membres du corps humain, comme le décrit si bien saint Paul aux chrétiens de Corinthe (1 Co 12). Pour que le corps soit en bonne santé, vivant, chaque membre a besoin des autres afin de réaliser ce qui lui revient en propre, « pour le bien du corps entier ». Ce soir-là, c'est un père de famille, laïc, qui a aidé un prêtre à tenir sa place et l'un de ses engagements : celui de prier fidèlement la « liturgie des heures » et d'intercéder avec l'Église pour le monde. Avec simplicité et bienveillance, il m'a en même temps remis devant ma responsabilité sacerdotale et permis de l'exercer, entraînant ainsi toute notre « maisonnée ».

Maisonnée… Voilà déjà trois fois que j'emploie ce mot, à la fois familier et en même temps sans doute inhabituel pour beaucoup. Pour les membres de la communauté de l'Emmanuel, à laquelle j'appartiens, il fait partie du vocabulaire courant. Il désigne une réalité très simple, et en même temps essentielle, où se joue le cœur de notre vie communautaire. Une « maisonnée », ce n'est pas une maison : nous ne vivons pas sous le même toit. Il s'agit d'un petit groupe de moins d'une dizaine de membres de la communauté, constitué pour une année, se réunissant un soir par semaine chez l'un ou l'autre afin de prier ensemble et de partager la parole de Dieu et ce qu'elle nous appelle à vivre. Rien de plus. Et surtout rien de moins ! La maisonnée est le lieu d'une vie fraternelle concrète, où l'on ne se choisit pas en fonction des affinités, mais où l'on se reçoit comme frères et sœurs dans la foi, pour s'aider à progresser sur le chemin de la vie chrétienne et de l'annonce de l'Évangile.

Dans les maisonnées, les prêtres ne sont pas situés comme aumôniers ou responsables, mais comme frères. Ils partagent comme les autres membres la parole de Dieu qu'ils gardent et méditent actuellement et qui éclaire leur quotidien. Leur partage est bien sûr marqué par leur ministère, tout comme celui des autres frères et sœurs est marqué par leur vie familiale et professionnelle. La responsabilité de coordination de la maisonnée est généralement assurée par un couple ou un membre célibataire. Elle peut l'être aussi par un prêtre, mais comme une responsabilité avant tout baptismale.

Comme chacun des membres de la maisonnée, je peux y demander la « prière des frères » pour une intention ou une occasion particulière. C'est un moment fort et simple à la fois, où se vit de façon expressive notre appel à nous entraider pour avancer vers la sainteté : à genoux devant une croix ou une icône, entouré par mes « frères et sœurs de maisonnée », qui peuvent poser une main sur mon épaule en signe de communion et d'intercession, j'adresse une prière au Seigneur à haute voix, puis, par un chant, nous invoquons l'Esprit Saint. À son écoute, dans la foi, chacun peut alors partager ce qu'il discerne dans sa prière comme une parole de Dieu pouvant m'éclairer, au travers d'une image, d'un passage de la Bible ou d'un encouragement. Il y a bien sûr une part subjective dans l'intervention de ceux qui s'expriment, mais il y passe aussi le souffle de Dieu, quelque chose de la Parole qu'il m'adresse et qu'il me revient ensuite d'approfondir personnellement dans les jours qui suivent. Je me souviens avec reconnaissance de ma première expérience de cette forme de prière, alors que j'étais encore séminariste : les trois citations bibliques reçues ont chacune éclairé une de mes questions du moment. Une notamment, sur le sens de l'engagement au célibat, qui se prend au moment de l'ordination diaconale pour les futurs prêtres : *« Si le grain de blé tombé en terre ne meurt pas, il reste seul ; mais s'il meurt, il porte beaucoup de fruit. »* Déjà entendu avec force à 15 ans lors de la mort de mon aumônier scout, ce passage de l'Évangile selon saint Jean (Jn 12, 24) m'a alors conforté sur la fécondité paradoxale, mais bien réelle, de ce mode de vie qui fut celui de Jésus.

Maintenant que je suis prêtre, je mesure d'autant plus la grâce de pouvoir vivre ces temps de partage et de prière avec des frères et sœurs d'un autre état de vie ! Ils m'aident à demeurer disciple, sur un chemin de conversion. Si je ne suis pas en responsabilité pastorale dans ma maisonnée, pour autant, mon sacerdoce n'y est pas nié et encore moins refoulé. Il est reconnu et exercé, mais sans masquer le primat de mon baptême et de la vie fraternelle entre disciples du Christ. Prêtre dans une maisonnée, je bénis régulièrement mes frères et sœurs au nom du Seigneur en fin de soirée et porte volontiers les intentions de prière partagées en célébrant la messe les jours qui suivent. Je suis heureux d'y être tout à la fois prêtre et frère, dans une simplicité de relations où il n'y a pas de rôle institutionnel à tenir, mais une entraide à la fois spirituelle et concrète, où chacun sert la conversion et la sanctification de l'autre. Quel cadeau ! Je réalise davantage en écrivant la grâce qui m'est faite de pouvoir ainsi partager fraternellement les joies et les peines, les découvertes et les questions, les peurs et aussi les audaces missionnaires de chrétiens de conditions et d'âges différents, engagés dans des vies familiales et des contextes professionnels très variés ! Si, certains lundis soir, il me faut me bousculer un peu pour y aller, je rentre toujours heureux d'avoir pu louer le Seigneur, nourri par la parole de Dieu partagée et souvent stimulé pour témoigner avec plus de simplicité et de confiance de ma foi dans les rencontres quotidiennes. Le prêtre que je suis y plonge aussi dans la réalité – et la complexité – de la vie quotidienne de pères et mères d'enfants en bas âge ou d'adolescents sympathiques, de jeunes célibataires en recherche de leur vocation ou au seuil d'un chemin vers le mariage, de veufs ou de veuves à la riche expérience humaine et spirituelle. C'est tout à la fois pour moi une bonne « prise de terre » dans la vie ordinaire, et un lieu, souvent joyeux, ouvert sur le Ciel !

Si l'entraide et le partage de la parole de Dieu sont également vécus dans la fraternité des prêtres au presbytère, la vie fraternelle concrète avec d'autres états de vie au sein d'une maisonnée, l'échange avec des laïcs d'âges et de situations variées nous situe concrètement au cœur du Peuple de Dieu et de la grande variété de ses membres, pour notre bien à tous. Que de fois ai-je été édifié par le partage d'un frère sur un passage biblique, mis en lumière et en lien avec sa vie quotidienne par exemple, ou par une occasion simple saisie par telle sœur d'annoncer l'Évangile en actes et en parole, qui m'a réveillé de ma torpeur. Au fil des ans, c'est une belle galerie de visages qui s'étoffe, révélatrice de la diversité et de la beauté du « saint Peuple de Dieu ». C'est un corps, une communauté qui se constitue. Nous y goûtons ce que Pierre Goursat aimait appeler la « grâce des frères ».

2. L'EMMANUEL, *« DIEU AVEC NOUS »* (IS 7, 14)

« Pour vous, je suis évêque ; *avec* vous, je suis chrétien. Le premier nom est celui d'un office reçu ; le second, de la grâce ; le premier nom est celui d'un danger ; le second, du salut[1]. » La célèbre formule de saint Augustin, au ve siècle, rappelait déjà qu'avant de recevoir le sacrement de l'ordre et de servir l'Église dans un ministère particulier, la grâce du baptême établit l'évêque, les prêtres et les diacres, dans une relation fraternelle avec tous les autres baptisés, quel que soit leur état de vie. Tous sont bénéficiaires du salut offert en Jésus, *« le grand-prêtre qu'il nous fallait »* (He 7, 26), *« unique médiateur entre Dieu et les hommes »* (1 Tim 2, 5). Cet « avec » exprime donc une solidarité fondamentale, première, qui constitue le socle de toute relation au sein de l'Église. C'est ainsi que l'appellation « frères » est fréquemment utilisée dans les lettres du Nouveau Testament, comme dans les Actes des Apôtres, pour traduire la nouveauté du lien établi par la foi commune en Jésus ressuscité d'entre les morts, confessé comme Christ et Seigneur, *« premier-né d'une multitude de* frères » (Rm 8, 29).

Des siècles de vie ecclésiale, croisée avec différentes cultures et structures sociopolitiques, notamment celles de l'Empire romain puis des monarchies européennes, ont marqué de leur empreinte les modes de relation, les représentations et les appellations dont nous sommes aujourd'hui les héritiers. Ceux-ci peuvent parfois estomper la nature fraternelle première de toute relation dans l'Église, au bénéfice d'une vision d'abord hiérarchique, où la mission et la fonction, notamment

1. Saint Augustin d'Hippone, *Sermon*, 340, 1 : PL 38, 1483.

sacerdotale et épiscopale, sont spontanément placées vers le « haut de la pyramide », selon une représentation calquée sur celle des sociétés humaines, où le chef est situé en haut et la troupe ou les administrés, en bas.

Se distinguant clairement d'un égalitarisme simpliste, Jésus n'a pas renié toute forme de hiérarchie : *« Vous m'appelez "Maître" et "Seigneur", et vous avez raison, car vraiment je le suis. »* De même, saint Paul, contemplant le mystère du Christ dans la lumière de sa résurrection, rend grâce pour l'œuvre du Père, qui a *« tout mis sous ses pieds et l'a placé plus haut que tout, faisant de lui la tête de l'Église, qui est son corps »* (Ep 1, 22-23). Mais s'il est tête, chef, maître et Seigneur, Jésus ne se place pas moins librement et volontairement aux pieds de ses disciples pour les laver au soir de la Cène, leur donnant ce geste en testament : *« Si donc moi, le Seigneur et le Maître, je vous ai lavé les pieds, vous aussi, vous devez vous laver les pieds les uns aux autres »* (Jn 13, 13-14).

La liturgie du Jeudi saint donne chaque année aux prêtres et aux évêques de vivre très concrètement ce geste significatif du lavement des pieds. Il est bouleversant. Pour ceux qui s'y prêtent avec simplicité, ils expérimentent la délicate proximité du Seigneur, s'approchant « par en bas » pour offrir, avec la purification du corps, la simplification du cœur. Bouleversant aussi pour les ministres ordonnés, qui se retrouvent en « position basse », de service humble et concret ! Elle leur redonne l'axe de leur mission : celui du service. *« Le Fils de l'homme n'est pas venu pour être servi, mais pour servir, et donner sa vie en rançon pour la multitude* » (Mc 10, 45). Avant d'ordonner prêtre un baptisé, l'Église l'ordonne d'abord diacre. Il ne s'agit pas là d'une étape, mais d'une fondation, d'un essentiel, pour toujours. Tout prêtre, tout évêque, est donc avant tout un diacre, serviteur de ses frères et sœurs pour leur vie de disciples du Christ. Et dès lors, cet ancrage diaconal nous appelle à nous situer avant tout comme frères, non seulement dans notre propre vie baptismale de disciples, mais aussi dans les relations vécues au sein de notre ministère.

Celui qui lave les pieds au soir de la Cène est l'Emmanuel, *« Dieu-avec-nous »* (cf. Mt 1, 23). Sa venue au monde dans le dénuement de la crèche de Bethléem avait déjà manifesté un certain mode de rapport aux biens et aux personnes, fait de simplicité et de proximité accessible. Les années de vie cachée dans l'humble village de Nazareth, ainsi que les nombreuses rencontres de son ministère public l'ont ensuite confirmé : Jésus se positionne régulièrement « avec ». Et c'est bien ce qui étonna puis scandalisa les plus fervents : *« Voyant cela, les Pharisiens disaient à ses disciples : "Pourquoi votre maître mange-t-il* avec *les publicains et les pécheurs ?" »* (Mt 9, 11).

En partageant la table des pécheurs, en lavant les pieds, Jésus nous donne un exemple, valable pour tous ses disciples. Il l'est *a fortiori* pour ceux qui reçoivent une responsabilité et un ministère dans la communauté chrétienne. La charge reçue, la fonction exercée ne doivent pas empêcher, mais au contraire encourager le style de relations et le positionnement qui sont ceux du Maître : simple, accessible, « avec ». Ni lointain ni en surplomb. Ni démagogue, ni rigide, ni familier et encore moins intrusif. Cordial, à portée de cœur. Ce n'est pas si facile. Selon nos tempéraments, nos éducations, la latitude sous laquelle nous sommes nés, l'entrée en relation et la cordialité nous sont plus ou moins aisées. Mais *« rien n'est impossible à Dieu »* (Lc 1, 37) !

3. « AVEC » EN DIEU

En parcourant les Évangiles, et notamment celui de saint Matthieu, le fil rouge apparaît ininterrompu. Au premier chapitre (cf. Mt 1, 23), la conception virginale de Jésus dans le sein de Marie est annoncée en songe à Joseph. L'évangéliste la présente comme l'accomplissement de la prophétie d'Isaïe (cf. Is 7, 14) déjà évoquée, annonçant une vierge qui conçoit et enfante *« un fils auquel on donnera le nom d'Emmanuel, ce qui se traduit par "Dieu avec nous" »*. À cette introduction de la naissance de Jésus, répond, dans le dernier chapitre de saint Matthieu, la promesse du Ressuscité à ses disciples, lors de leur rencontre sur une montagne en Galilée. Alors qu'il les envoie en mission vers toutes les nations, Jésus assure ses disciples de sa présence fidèle : *« Et moi, je suis* avec *vous tous les jours jusqu'à la fin des temps »* (Mt 28, 20).

Il ne s'agit donc pas d'un détail, d'une qualité parmi d'autres. Pour Jésus, être *avec* ses disciples, *avec* nous, correspond à son identité, à son être profond. Il n'y a là rien de moins que le mystère de l'Incarnation, par lequel *« le Verbe s'est fait chair et il a habité parmi nous »* (Jn 1, 14). Parmi nous, et donc *avec* nous. Notre foi chrétienne va loin, très loin, lorsqu'elle confesse que Jésus est « vraiment homme et vraiment Dieu ». Les premiers siècles de l'histoire de l'Église montrent que l'intégration et l'explicitation de la foi en l'Incarnation n'ont pas été sans résistances. Au concile de Nicée, qui confirme en 325 la foi en la divinité de Jésus, « consubstantiel » au Père, face à l'affirmation contraire du prêtre Arius, répond, comme en écho, le concile de Chalcédoine en 451, qui réaffirme l'humanité de Jésus face à ceux pour qui sa divinité absorberait son humanité, en la dénaturant. En lui, dans son unique personne, dans le « sujet » Jésus de Nazareth, subsistent à la fois la nature divine et la nature humaine, « sans confusion, sans changement, sans division, sans séparation »[1]. En Jésus, et pour toujours, Dieu est véritablement et concrètement *avec* l'homme, et Dieu le Père est accessible à l'humanité, « par Jésus, *avec* lui et en lui », ainsi que le chante la liturgie de la messe. S'il est Dieu qui vient vers l'homme jusqu'à se faire homme à l'Annonciation, Jésus est aussi l'homme qui entre en Dieu, avec son corps et son âme, définitivement : c'est

1. *Catéchisme de l'Église catholique*, n° 467 (cf. CEC, 464-469).

le mystère de l'Ascension, accomplissement du mystère de l'Incarnation. Jésus, *« sachant qu'il est sorti de Dieu et qu'il va vers Dieu »* (Jn 13, 3) a déposé son vêtement et lavé les pieds de ses disciples le Jeudi saint, puis déposé sa vie sur la croix le lendemain, avant de ressusciter le troisième jour et de « s'asseoir à la droite du Père », appelant toute l'humanité à sa suite, dans la paix et la joie du Ciel, comme une « multitude de frères », *avec* lui.

Et notre foi chrétienne va encore plus loin. *« Qui me voit, voit le Père »* (Jn 14), révèle Jésus à ses plus proches lors de la Cène. Cela signifie donc qu'en voyant la façon d'être de Jésus, cet « avec » vécu dans ses relations à Nazareth, puis sur les routes de sa mission itinérante, on peut y voir non seulement la manifestation de son identité de Sauveur, en qui la nature divine s'est alliée *avec* la nature humaine, mais aussi la façon d'être de son Père. Il y a donc de « l'avec » en Dieu !

Dans la chapelle de la péniche aménagée où vécut Pierre Goursat – et qui fut le premier siège de la communauté de l'Emmanuel en région parisienne –, une représentation de la célèbre icône de la Trinité du moine Andreï Roublev illustre avec force et simplicité cet aspect de la Révélation. Elle avait été offerte par le père Henri Caffarel[1] à Martine Laffitte, alors étudiante en médecine

1. Fondateur des équipes Notre-Dame et de la revue l'*Anneau d'or* (1903-1996), initiateur d'une école d'oraison à Troussures, dans l'Oise, en France.

et initiatrice d'un groupe d'oraison, de prière silencieuse, qui se réunissait chez elle au début des années 1970. À partir de la rencontre de trois mystérieux visiteurs avec Abraham (cf. Gn 18) au chêne de Mambré, l'icône manifeste la communion trinitaire du Père, du Fils et de l'Esprit Saint. Au niveau des visages des trois visiteurs, le fin vernis de l'icône apparaît marqué par une légère usure, traduisant l'habitude qu'avait Pierre Goursat d'exprimer son adoration par un baiser, lorsqu'il quittait la chapelle au terme d'un temps de prière personnelle.

Nous adorons ainsi « un seul Dieu, en trois personnes », affirme la foi chrétienne. C'est-à-dire qu'il y a des relations en Dieu. Il est unique, mais il n'est pas solitaire. Il est amour (1Jn 4,8), donc communion de personnes, unies chacune avec les autres. Il est le seul Dieu, le Dieu Un, qui appelle Abram à quitter *« son pays et sa parenté pour aller »* (cf. Gn 12) vers la terre promise à sa descendance, *« aussi nombreuse que les étoiles dans le ciel ou le sable au bord de la mer »* (cf. Gn 15, 17). Il est le seul Dieu vivant et vrai, *« Dieu d'Abraham, d'Isaac et de Jacob »*, qui *« entend la misère de son peuple »* réduit en esclavage et se manifeste à Moïse dans la flamme du buisson-ardent (cf. Ex 3) pour l'envoyer libérer Israël du joug de Pharaon et lui faire passer la mer, puis traverser le désert pour rejoindre la terre promise, *« ruisselant de lait et de miel »* (Ex 3, 17). Cette unicité du Dieu de l'Alliance, prêchée par les prophètes et cœur de la Révélation de l'Ancien Testament, n'est nullement remise en cause par le Nouveau Testament. Bien plus, elle y est largement confirmée. Ainsi, à la question de savoir quel est le plus grand commandement, Jésus répond dans la plus pure tradition mosaïque, en citant le *Shemah Israël: « Écoute Israël, le Seigneur notre Dieu est* l'Unique. *Tu adoreras* le *Seigneur ton Dieu de tout ton cœur, de toute ton âme, de tout ton esprit et de toute ta force* » (Dt 6, 4-9). À ce premier commandement, il associe aussitôt celui de la loi de sainteté, au centre du livre des Lévites: *« Tu aimeras ton prochain comme toi-même* » (Lv 19, 26), hissant celui-ci au niveau du premier et invitant ses disciples à traduire leur foi en actes concrets, en *« œuvres de miséricorde* » (cf. Mt 25). La foi ne se situe pas à distance de la vie concrète et des relations du quotidien: elle les irrigue et les transforme.

Ainsi, de l'adoration du Dieu unique et trinitaire, découle la compassion, l'amour effectif du prochain, la foi en actes. Adorer Dieu, c'est se tourner vers lui, lui donner la première place dans ma vie – ou plus exactement reconnaître que cette première place est la sienne, puisqu'il est la source de ma vie, mon origine primordiale, lui en qui *« nous avons la vie, le mouvement et l'être* » (Ac 17, 28). Et cette attitude d'adoration va donc de pair *avec* l'amour du frère, tout comme en Dieu, tel qu'il se révèle, « être » signifie « être en relation », « être en communion », être *avec*. Le Père *avec* le Fils, le Fils *avec* le Père, l'Esprit *avec* le Père et le Fils dont il procède, au point qu'on pourrait identifier l'Esprit Saint à cet *avec* qui traduit la qualité de relation du Père et du Fils, dans laquelle nous sommes appelés à entrer, comme fils et filles adoptifs, par la grâce du baptême. Seul l'Esprit Saint, dès lors, peut nous permettre de vivre à la ressemblance du Fils unique, tournés comme lui vers le Père (cf. Jn 1, 18) pour nous recevoir sans cesse de lui, centrés sur lui et non pas sur nous : *« En effet, tous ceux qui se laissent conduire par l'Esprit de Dieu, ceux-là sont fils de Dieu »* (Rm 8, 14).

Jetons un dernier regard à l'icône de la Trinité de Roublev : les trois mystérieux visiteurs sont attablés, en communion autour d'une table qui est aussi un autel, sur lequel est posée une coupe. Le quatrième côté nous fait face, comme un appel à nous joindre à cette communion, à nous asseoir à la même table, au partage de la même coupe, à la joie infinie et partagée de l'amour divin, qui ne cesse de s'offrir. Le Seigneur nous ouvre sa vie trinitaire : lui, le Dieu *avec* nous, nous veut *avec* Lui. Pour toujours.

4. AVEC L'ÉGLISE

Au début de l'octave de Pâques 2018, dans l'amphithéâtre de la vaste maison d'accueil où nous logions à proximité de Rome pour la rencontre fraternelle des prêtres et diacres de l'Emmanuel, Mgr Joël Mercier, alors secrétaire – c'est-à-dire numéro deux – de la Congrégation pour le clergé, nous adressa une conférence marquante, dont voici les premiers mots :

Tout a commencé pour vous à Troussures, en 1972. Après avoir reçu l'effusion de l'Esprit, Pierre Goursat et Martine Laffitte ont expérimenté une joie profonde qui a changé leur vie. Ils ont pris conscience que l'Esprit Saint les habitait, ils n'avaient plus qu'un désir : se laisser envahir par lui et témoigner de sa présence vivante et agissante.

Bien sûr, avant cette expérience fondatrice, Pierre avait des prédispositions ; en particulier, il était déjà profondément marial, ce qui lui donnait le sens de l'Église. Cependant, quelque chose de nouveau s'est passé à Troussures. Le *Catéchisme de l'Église catholique* (n° 797) cite une phrase de saint Irénée qui dit : « Là où est l'Esprit de Dieu, là est l'Église » (*Adversus Haereses*, 3, 24, 1).

Un peu plus loin, après avoir évoqué la raison de notre pèlerinage d'action de grâces pour les statuts canoniques reçus du Saint-Siège le 15 août précédent, il rappelait la citation complète d'Irénée : « Là où est l'Église, là est aussi l'Esprit de Dieu ; et là où est l'Esprit de Dieu, là est l'Église et toute grâce. »

Pour qui connaît la basilique Saint-Pierre, il me semble qu'elle illustre magnifiquement cette citation : lorsqu'on y entre, saisi par l'amplitude de ses dimensions, le regard se porte au travers du baldaquin qui valorise l'autel, vers la « gloire » du Bernin, « vitrail » d'albâtre présentant à la lumière du jour une large colombe aux ailes déployées. Elle évoque la douce puissance de l'Esprit Saint, la « force d'en haut » promise par le Ressuscité à ses disciples juste avant son Ascension (Ac 1, 8). L'Esprit Saint habite et anime l'Église depuis la première Pentecôte à Jérusalem. Sans lui, l'Église ne serait qu'une organisation sans souffle, ce qu'elle risque toujours de devenir si elle ne l'invoque pas avec foi et persévérance pour l'accueillir avec sa lumière et sa force. C'est ainsi que le cardinal Suenens, archevêque de Malines-Bruxelles, qui fut l'un des modérateurs du concile Vatican II et l'évêque accompagnateur des débuts du Renouveau charismatique catholique, partagea un jour cette méditation d'un patriarche oriental contemporain, Ignace IV d'Antioche :

> Sans l'Esprit Saint, Dieu est loin,
> le Christ reste dans le passé,
> l'Évangile est une lettre morte,
> l'Église une simple organisation,
> l'autorité une domination,
> la mission une propagande,
> le culte une évocation,
> et l'agir chrétien une morale d'esclave.
>
> Mais en Lui : le cosmos est soulevé
> et gémit dans l'enfantement du Royaume,
> le Christ ressuscité est là,
> l'Évangile est puissance de vie,
> l'Église signifie la communion trinitaire,
> l'autorité est un service libérateur,
> la mission est une Pentecôte,
> la liturgie est mémorial et anticipation,
> l'agir humain est déifié.

Le regard porté sur l'icône de la Trinité de Roublev nous l'avait déjà suggéré : on ne peut entrer dans l'actualité du mystère du Christ et on ne peut donc l'annoncer et le célébrer sans se laisser conduire par l'Esprit Saint. Notre réflexion sur la communion et la juste façon d'être prêtre aujourd'hui sera donc vaine, si elle ne se situe pas et n'invite pas avant tout à implorer l'Esprit Saint pour recevoir de lui « la claire vision de ce que nous devons faire et la force de l'accomplir[1] ».

Saint Irénée le disait à sa façon : « Là où est l'Esprit de Dieu, là est l'Église. » L'Esprit Saint édifie l'Église et nous incorpore à elle. À ceux qui lui demandaient aux débuts de la communauté de l'Emmanuel comment elle se situait par rapport à l'Église, Pierre Goursat répondait sans hésitation : « L'Église ? On est dedans ! » Ni à côté, ni encore moins au-dessus : dedans, tout simplement. Comme fils et filles du Père, frères et sœurs du Fils bien-aimé, membres de l'unique Corps du Christ. L'accueil de l'Esprit Saint n'exonère pas de l'appartenance au corps ecclésial et de l'obéissance à sa foi et à ses pasteurs : à l'inverse, il les induit et les rend comme « naturelles ». La tentation d'identifier son époque avec un « âge de l'Esprit », qui ferait suite à l'âge du Père identifié à l'Ancien Testament et à l'âge du Fils, identifié au Nouveau Testament et au temps l'Église, désormais perçus comme dépassés, traverse les siècles et

1. *Missel romain*, Collecte du 1er dimanche du temps ordinaire.

peut séduire ceux qui peinent à accepter les médiations institutionnelles et même sacramentelles : « Jésus, oui ; l'Église, non ! » Le père Henri de Lubac a mis en évidence cette tentation et ses racines historiques[1]. À l'opposé du subjectivisme et du relativisme, une authentique spiritualité chrétienne se traduit donc toujours par une écoute active de la parole de Dieu et une adhésion filiale à l'Église, à sa Tradition et à son magistère : il y a là un critère de discernement sur l'esprit qui nous anime. Nous ne servirons ni la communion des disciples de Jésus, ni la vérité et l'actualité du sacerdoce, si nous nous situons à distance, à côté ou *a fortiori* au-dessus de l'Église, comprise dans son mystère et son actualité. Le témoignage de tant de saints et de saintes est éloquent de ce point de vue. Parfois incompris, persécutés, voire condamnés par l'autorité ecclésiale de leur époque, ils n'ont pas emprunté le chemin de la scission ou de la rébellion, mais assumé un chemin d'humiliation et de passion, qui dans le temps s'avère être le seul fécond. Pensons à sainte Jeanne d'Arc, condamnée par un tribunal ecclésiastique et qui déclarait pourtant à ses juges : « M'est avis que Jésus et l'Église, c'est tout un »[2] ! *« Si le grain de blé tombé en terre ne meurt pas, il reste seul ; mais s'il meurt, il porte beaucoup de fruit »* (Jn 12, 24)…

---

1. H. de Lubac, s.j., *La Postérité spirituelle de Joachim de Flore*, Paris, Cerf, 1979.

2. Cf. le remarquable petit ouvrage de G. Bernanos, *Jeanne, relapse et sainte*, 1934.

Être dans l'Église et *avec* elle ne signifie pas pour autant entrer dans un carcan ni se laisser façonner dans un moule à la forme unique. L'Esprit Saint suscite et rend possible l'unité, mais sans uniformité : « *Les dons de la grâce sont variés* » (1 Co 12, 6). La vie dans l'Esprit et dans l'Église est un chemin de liberté, un chemin « filial » : « *Vous n'avez pas reçu un esprit qui fait de vous des esclaves et vous ramène à la peur, mais vous avez reçu un Esprit qui fait de vous des fils* » (Rm 8, 15). Fils de l'Église, je ne me suis personnellement jamais senti contraint par elle, mais au contraire, appelé à y prendre ma place pour participer à sa vie et à sa mission, librement, avec ma personnalité propre. La parabole des deux fils dans l'Évangile selon saint Luc (Lc 15) me semble éclairante à ce sujet : elle nous montre deux attitudes opposées, dont aucune n'est véritablement filiale. Ni celle du cadet, qui tue symboliquement son père en réclamant l'héritage et en quittant la maison ; ni celle de l'aîné, dont la servilité constitue précisément une négation de son identité filiale : il ne « voit » pas son père aimant dans le maître de maison, mais il se le représente en patron exigeant, tout comme les scribes et les pharisiens voyaient en Dieu un législateur tatillon, soucieux du respect du moindre précepte de la loi de Moïse. Jésus, le Fils unique et bien-aimé, nous révèle ce que signifie être fils : c'est faire la volonté du Père dans une liberté intérieure qui découle d'une relation de confiance et d'amour avec lui. C'est placer la loi de Dieu au service de son alliance et non l'inverse : « *Le sabbat a été fait pour l'homme et non pas l'homme pour le sabbat* » (Mc 2, 27). C'est vivre tourné vers le Père, jusqu'à donner librement sa vie pour ses frères : « *Ma vie, nul ne peut me l'enlever : je la donne de moi-même* » (Jn 10, 18).

Les prêtres, ordonnés à la communion et à la mission de l'Église, sont donc appelés à double titre à vivre et à servir *avec* l'Église, *cum Ecclesia* : au titre de leur baptême d'abord, comme fils, et au titre de leur ordination sacerdotale ensuite, comme prêtres du Seigneur pour leurs frères et pour le monde. Tout baptisé, et à plus forte raison encore tout confirmé[1], est appelé à *sentire cum Ecclesia*, selon l'expression chère à saint Ignace de Loyola[2], à « sentir », à « goûter et discerner » toute chose, *avec* l'Église, en tant que membre à part entière du Corps du Christ, « oint » par l'Esprit du Christ et connaissant par lui la vérité (cf. 1Jn 2,20-21), recevant de lui avec ses frères et sœurs dans la foi, le *sensus fidei fidelium*, le « sens de la foi des fidèles ». Éclairé intérieurement par lui, tout fidèle du Christ, fût-il illettré, peut avoir une conviction de foi droite, parfois plus juste que le savant discours d'un théologien donnant prise à l'erreur.

Pour être un bon prêtre, il s'agit donc avant tout d'être un bon chrétien. L'ordination induit cependant une solidarité nouvelle *avec* l'Église. Les prêtres sont ministres de l'Église : ils reçoivent d'elle, par l'imposition des mains de

1. Cf. *Catéchisme de l'Église catholique*, n° 1285 et 1303.

2. I. de Loyola, *Exercices spirituels*, § 352-370.

l'évêque et des autres prêtres, une capacité à la servir *in persona Christi capitis*, « en la personne du Christ tête ». Nous y reviendrons. Pour le moment, retenons que le prêtre, dès lors qu'il l'est, engage plus que lui-même dans ses actes et ses paroles. Ministre de l'Église, il engage celle-ci, en la représentant aux yeux du monde. S'il est *avec* l'Église par son baptême et, à un titre nouveau, dans son être sacerdotal, l'Église est donc aussi *avec* lui dans son agir. On comprend dès lors l'appel adressé à chaque prêtre de cultiver une cohérence de vie et de s'engager résolument sur le chemin d'une sainteté de vie : « que Dieu achève en vous ce qu'il a commencé » dit ainsi l'évêque au futur prêtre au cours du rituel de l'ordination.

Lors de mes années de séminaire, j'ai plusieurs fois été sensibilisé au fait que les textes du dernier concile évoquant les prêtres et leur ministère les présentaient au pluriel, comme un « ordre » au service du corps ecclésial, et non pas d'abord comme des individus, pris isolément dans leur identité et leur existence. Il y a là un indice intéressant : je ne suis pas en effet prêtre seul et encore moins, « à mon compte ». Il ne s'agit pas d'une profession libérale (même s'il s'agit d'une vocation libérante, à plus d'un titre !). Je suis prêtre *avec* d'autres prêtres, au sein d'un *presbyterium*, dans une fraternité sacramentelle qui plonge ses racines dans le collège des Douze – et de leurs successeurs, les évêques – appelés par Jésus auprès de lui et à sa suite, dans ce que les commentateurs sportifs appelleraient volontiers aujourd'hui un « collectif », où chacun a sa place mais ne peut donner le meilleur de lui-même qu'*avec* les autres.

À l'occasion d'un symposium sur le sacerdoce, organisé à Rome en février 2022, nous avons entendu le pape François décliner les quatre proximités que les prêtres sont invités à vivre pour garder ardente la flamme missionnaire et communiquer le « feu » de l'Évangile :

> Le Seigneur regarde avec tendresse et compassion et offre aux prêtres les repères à partir desquels ils peuvent reconnaître et maintenir vivante l'ardeur pour la mission : proximité, proximité *avec* Dieu, *avec* l'évêque, *avec* les frères prêtres et *avec* le peuple qui leur a été confié.

Il y a donc un enjeu de proximité *avec* le Seigneur et *avec* son Église, dans ses différentes composantes. La responsabilité vécue ces dernières années m'a amené à visiter régulièrement des équipes de prêtres sur leurs lieux de mission et de vie, écoutant également la parole de paroissiens et de membres locaux de l'Emmanuel. Habitant habituellement dans le même presbytère en fraternité d'au moins trois, j'ai été de nombreuses fois le témoin émerveillé de la façon dont mes frères prêtres vivent concrètement ces différentes proximités. Un constat s'est souvent imposé de lui-même en ce qui concerne la proximité *avec* leurs frères prêtres : le rayonnement perceptible de leur ministère apparaît proportionnellement lié à la qualité de leur vie fraternelle, en équipe. Le « voyez comme ils s'aiment» constitue manifestement une source vive de fécondité pastorale. Et l'inverse s'avère malheureusement tout aussi vrai... Rien de tel qu'une équipe sacerdotale divisée pour affaiblir la communion paroissiale et son élan missionnaire. Un moyen concret, vécu désormais par plusieurs équipes, m'a marqué par sa simplicité : à l'occasion d'un de leurs temps de partage fraternel sur la parole de Dieu, trois tours de table successifs – « Merci, pardon, s'il te plaît » – permettent aux prêtres qui le souhaitent de s'adresser l'expression de leur gratitude, une demande de pardon ou encore d'exprimer un besoin. Cet espace de parole institué, à la fois bienveillant et exigeant, permet de nourrir la charité fraternelle en explicitant ce qui reste trop souvent implicite dans nos relations quotidiennes : *« Amour et vérité se rencontrent, justice et paix s'embrassent »* (Ps 84, 11). « La charité pastorale exige des prêtres, s'ils ne veulent pas courir pour rien, un travail vécu en communion permanente *avec* les évêques *et* leurs autres frères dans le sacerdoce », écrivait déjà à ce propos saint Jean-Paul II, dans son exhortation apostolique sur la formation des prêtres *Pastore dabo vobis*[1].

1. Saint Jean-Paul II, *Pastores dabo vobis* (« Je vous donnerai des pasteurs »), 23, 1992.

5. L'ÉGLISE, MYSTÈRE DE COMMUNION

« Communion » : notre cœur y aspire. Créés *« à l'image et à la ressemblance de Dieu »* (Gn 1, 26), qui nous a révélé être en lui-même communion de personnes dans l'amour, notre « logiciel » fondamental, matriciel, est celui de la communion : « Tu nous as faits orientés vers toi et notre cœur est sans repos, tant qu'il ne repose pas en toi, Seigneur[1]. » La communion est source de paix. La division nous trouble et nous avons tendance à éviter le conflit, car notre vocation profonde est la communion dans l'amour. Et c'est pourquoi l'Adversaire du dessein bienveillant de Dieu, est désigné comme le *dia-bolos*, celui qui, divisé, coupé de son Créateur, divise et sème la confusion dans la Création…

> Faire de l'Église la maison et l'école de la communion : tel est le grand défi qui se présente à nous dans le millénaire qui commence, si nous voulons être fidèles au dessein de Dieu et répondre aussi aux attentes profondes du monde[2].

Or, à bien des égards, le « monde est en feu » comme le constatait déjà sainte Thérèse d'Avila. Les lignes de fracture, de déchirure, ne manquent pas, l'actualité ne nous le rappelle que trop. Plus que jamais, l'Église a donc vocation

1. Saint Augustin d'Hippone, *Confessions*, livre 1, 1.
2. Saint Jean-Paul II, *Novo millenio ineunte*, 43, 2001.

à prêcher le Royaume de justice et de paix, et la conversion nécessaire pour y entrer : *« Les temps sont accomplis, le règne de Dieu est tout proche. Convertissez-vous et croyez à l'Évangile »* (Mc 1, 15). Le cœur de la prédication évangélique demeure plus que jamais d'actualité. En Jésus, Dieu se fait proche, il est *avec* nous et nous révèle combien être en relation, en relation de communion *avec* d'autres personnes, est proprement divin. Aussi nous invite-t-il à nous convertir, à nous réorienter, à nous décentrer. Entrer dans le Royaume de Dieu, ou plus exactement le laisser régner en nous, *lui,* c'est changer de centre de gravité. Non, je ne suis pas le centre du monde et de l'histoire. Mon nombril, mes désirs, mes blessures ne sont pas et n'ont pas à être le barycentre de mon entourage et de la vie sociale. Le bonheur n'est pas autocentré, il se trouve dans la relation. Dans l'accueil et dans le don : c'est ainsi que le Dieu unique se révèle dans sa dynamique trinitaire. C'est pour cela et comme cela qu'il nous a créés : pour la communion des personnes, dans une réciprocité d'accueil et de don. Et c'est cela que vient freiner ou briser le péché, c'est-à-dire tout acte injuste, contraire à l'amour du Père, des frères ou de moi-même.

« Faire de l'Église, la maison et l'école de la communion » : l'appel prophétique de saint Jean-Paul II au seuil du nouveau millénaire continue de résonner et de nous appeler à (re)découvrir « l'ecclésiologie de communion », mise en évidence par l'assemblée du synode des évêques de 1987 sur la vocation et la mission des fidèles laïcs dans le monde. Il ne s'agit bien sûr pas d'une quelconque théologie du consensus, visant à noyer les différences sous une unité superficielle et volontariste. Il s'agit avant tout, comme le fait la constitution dogmatique *Lumen Gentium*, de considérer l'Église dans un regard de foi et de l'accueillir comme « mystère », c'est-à-dire comme une œuvre de Dieu qui nous permet d'accéder à lui, d'entrer en *communion* avec lui. Bien sûr, l'Église est aussi une réalité humaine, parfois trop humaine, lorsque les péchés de ses membres – et à plus forte raison de ses pasteurs – l'entachent et masquent la lumière divine qui s'y donne par la Parole, les sacrements et le témoignage des saints. Mais regarder d'abord l'Église comme une communion, c'est la comprendre dans son lien essentiel à la Trinité sainte et à la communion du Père et du Fils dans l'Esprit, dont elle se reçoit sans cesse. Regarder l'Église comme une communion, c'est considérer l'Esprit Saint comme celui qui l'édifie comme Corps du Christ, rendant possible la circulation du « sang » de la charité dans la *communion des saints*, unissant ceux du Ciel à ceux qui pèlerinent encore sur la terre, et chacun des membres au Christ Tête. Regarder l'Église comme communion, c'est comprendre que nul ministre ordonné, nul disciple patenté, n'est au centre, sinon le pauvre dans son humilité. Regarder l'Église comme communion, c'est accueillir chacun dans sa vocation propre, comme un don nécessaire à la mission du corps tout entier. Regarder l'Église comme communion, c'est recevoir la fraternité entre baptisés comme un don à déployer, volontairement, patiemment. C'est comprendre que « recevoir la communion » à la messe, c'est un don infini qui vient d'en haut, pour une mission qui n'est jamais achevée ici-bas... jusqu'à ce que Jésus vienne dans la gloire, au dernier jour.

Selon une étymologie possible, et intéressante, le terme « communion » provient du latin *cum*, « avec », et *unus*, « un ». Comme nous l'avons déjà vu, l'unité n'est pas l'uniformité. Car « avec » suppose qu'il y ait deux éléments ou deux personnes, l'une *avec* l'autre. Si en vivant « avec », il est possible de faire « un », c'est donc que l'unité n'efface pas l'altérité. Plus encore, pour qu'il y ait communion, l'altérité apparaît nécessaire. Ainsi la communion n'est pas clonage, reproduction à l'identique, ni simple juxtaposition. Elle n'est pas non plus fusion par assimilation de l'un des partenaires. Elle est une relation consistante qui n'aliène pas, mais au contraire libère les potentialités de ceux qui sont en communion. Le mariage réussi en est sans doute la plus belle des icônes, choisie à dessein dans l'Écriture pour exprimer le lien d'alliance, la communion d'amour, que Dieu veut établir avec son peuple, et, par lui, avec l'humanité entière. En ne « faisant qu'un » les époux demeurent cependant deux, deviennent même trois par la réalité de leur couple et la fécondité qu'il porte, et leur amour conjugal donne à chacun d'épanouir sa personnalité propre, féminine comme masculine.

Regarder l'Église comme communion, c'est ainsi pouvoir s'émerveiller et se réjouir de la diversité des vocations, des services et des missions dans l'Église, nul n'étant de trop, nul n'étant le centre, nul n'étant tout par lui-même. Sur ce point, il est difficile de trouver plus éloquent que le témoignage de sainte Thérèse de l'Enfant Jésus :

> Enfin j'avais trouvé le repos. Considérant le corps mystique de l'Église, je ne m'étais reconnue dans aucun des membres décrits par saint Paul, ou plutôt je voulais me reconnaître en tous. La charité me donna la clef de ma vocation. Je compris que si l'Église avait un corps composé de différents membres, le plus nécessaire, le plus noble de tous ne lui manquait pas, je compris que l'Église avait un cœur, et que ce cœur était brûlant d'amour. Je compris que l'amour seul faisait agir les membres de l'Église, que si l'amour venait à s'éteindre, les apôtres n'annonceraient plus l'Évangile, les martyrs refuseraient de verser leur sang. Je compris que l'amour renfermait toutes les vocations, que l'amour était tout, qu'il embrassait tous les temps et tous les lieux ; en un mot, qu'il était éternel. Alors, dans l'excès de ma joie délirante, je me suis écriée : Ô Jésus, mon amour ; ma vocation, enfin je l'ai trouvée ; ma vocation, c'est l'amour.
>
> Oui j'ai trouvé ma place dans l'Église et cette place, ô mon Dieu, c'est vous qui me l'avez donnée. Dans le cœur de l'Église, ma Mère, je serai l'amour ; ainsi je serai tout, ainsi mon rêve sera réalisé[1].

---

1. Sainte Thérèse de l'Enfant-Jésus et de la Sainte-Face, *Histoire d'une âme*, Ms B, 3v°.

S'il y a un centre dans l'Église, ce centre est un cœur, celui de Jésus. Il s'agit donc de se centrer sur lui. De me décentrer de moi-même pour me centrer sur lui. Voilà le centre de gravité de l'Église. Voilà la source de tout élan missionnaire : *« Le Christ est mort pour tous, afin que les vivants* n'aient plus leur vie centrée sur eux-mêmes, *mais sur lui, qui est mort et ressuscité pour eux »* (2 Co 5, 15). Voilà donc le point focal de l'ecclésiologie de communion, le point de contact entre l'amour divin et un cœur humain : le Cœur de Jésus. À partir de lui, tout s'ordonne et chacun peut trouver sa place. De lui, chacun reçoit la force d'aimer et de servir. Et celle de pardonner. De lui ne découle aucun cléricalisme, aucun laïcisme, aucune rigidité, aucune lâcheté. De lui découle simplement, avec le sang et l'eau, la charité qui fait les témoins et les saints.

« Les dons de la grâce sont variés, mais c'est le même Esprit. Les services sont variés, mais c'est le même Seigneur. Les activités sont variées, mais c'est le même Dieu qui agit en tout et en tous » (1 Co 12, 4-6). De la communion trinitaire découle la communion ecclésiale : voilà le fondement de l'ecclésiologie de communion. Et de l'ecclésiologie de communion découle une « spiritualité de communion » :

> Une spiritualité de la communion consiste avant tout en un regard du cœur porté sur le mystère de la Trinité qui habite en nous, et dont la lumière doit aussi être perçue sur le visage des frères qui sont à nos côtés. Une spiritualité de la communion, cela veut dire la capacité d'être attentif, dans l'unité profonde du Corps

mystique, à son frère dans la foi, le considérant donc comme « l'un des nôtres », pour savoir partager ses joies et ses souffrances, pour deviner ses désirs et répondre à ses besoins, pour lui offrir une amitié vraie et profonde. Une spiritualité de la communion est aussi la capacité de voir surtout ce qu'il y a de positif dans l'autre, pour l'accueillir et le valoriser comme un don de Dieu : un « don pour moi », et pas seulement pour le frère qui l'a directement reçu. Une spiritualité de la communion, c'est enfin savoir « donner une place » à son frère, en portant « les fardeaux les uns des autres » (Ga 6, 2) et en repoussant les tentations égoïstes qui continuellement nous tendent des pièges et qui provoquent compétition, carriérisme, défiance, jalousies. Ne nous faisons pas d'illusions : sans ce cheminement spirituel, les moyens extérieurs de la communion serviraient à bien peu de chose. Ils deviendraient des façades sans âme, des masques de communion plus que ses expressions et ses chemins de croissance[1].

Il s'agit donc d'avancer dans un « cheminement spirituel » : la communion n'est pas un donné brut, mais elle s'offre à nous comme un chemin à parcourir, une dynamique intérieure à accueillir et à nourrir. Il est heureusement possible de grandir dans la communion.

En ce sens, le pape François nous appelle depuis plusieurs années déjà à mettre davantage en œuvre la *synodalité* de l'Église. Il s'agit là d'une mise en œuvre concrète

1. Saint Jean-Paul II, *Novo millenio ineunte*, 43, 2001.

de l'ecclésiologie et de la spiritualité de communion. Nous l'avons vu : la communion exprime le mystère de l'Église dans son lien à Dieu lui-même. La *synodalité,* étymologiquement l'appel à « marcher ensemble », exprime la modalité de discernement pour l'Église dans son pèlerinage terrestre. Si nul n'est le tout de l'Église à lui seul, alors il est nécessaire d'écouter l'Esprit Saint en s'écoutant les uns les autres, pour discerner les justes chemins à emprunter afin de vivre la mission confiée par le Seigneur Jésus, en demeurant centrés sur son Cœur. Et dans la mise en œuvre de cette *synodalité,* le collège épiscopal et le successeur de Pierre qui le préside, ont un service irremplaçable à rendre : celui, précisément, de la *communion* ! Entre les différents membres de l'Église en pèlerinage et aussi avec les générations qui nous ont transmis l'Évangile du Christ, le *« dépôt de la foi »* (1Tm 6,20 ; 2Tm 1,12), par une transmission, une Tradition, ininterrompue depuis les Apôtres.

> La synodalité, comme dimension constitutive de l'Église, nous offre le cadre d'interprétation le plus adapté pour comprendre le ministère hiérarchique lui-même. Si nous comprenons que, comme dit saint Jean Chrysostome, « Église et synode sont synonymes » – parce que l'Église n'est autre que le « marcher ensemble » du troupeau de Dieu sur les sentiers de l'histoire à la rencontre du Christ Seigneur – nous comprenons aussi qu'en son sein personne ne peut être « élevé » au-dessus des autres. Au contraire, il est nécessaire dans l'Église

que chacun s'« abaisse » pour se mettre au service des frères tout au long du chemin[1].

Une dernière remarque à ce stade : notre conjonction française « avec » traduit le latin *cum*, rencontré dans « communion » et le grec *syn*, croisé dans « synode », sans oublier l'hébreu *im*, inclus dans « Emmanuel ». N'y a-t-il pas dans cette récurrence marquante une première réponse à la question comment être prêtre aujourd'hui ? Assurément, en cultivant l'art d'être, de vivre et de servir *avec* d'autres. C'est donc *avec* d'autres baptisés, vivant la belle vocation au mariage chrétien, que je vous invite à poursuivre maintenant, afin qu'un autre point de vue puisse enrichir notre réflexion.

◈ ◈ ◈

SE LAISSER DÉPLACER POUR ÊTRE « AVEC »

Faustine Carron

La communion, la coresponsabilité, la complémentarité des états de vie... voici de grandes aspirations dans l'Église aujourd'hui. C'est un désir que nous avons tous les deux avec Bertrand, et c'est ce que nous essayons de vivre, avec tous les défis que cela implique.

---

1. Pape François, *Discours pour le 50e anniversaire de l'institution du synode des évêques*, 2015.

Nous avons été très touchés par une anecdote concernant Pierre Goursat, fondateur de la communauté de l'Emmanuel où nous sommes engagés. Cela s'est passé en 1974. Pierre Goursat était un laïc consacré comme adorateur dans le monde. Il vivait à cette époque dans le presbytère de sa paroisse, Saint-Philippe-du-Roule, à Paris. Il avait décidé de rester au plus près des personnes dans le monde pour témoigner du Christ et, en même temps, il cherchait sa place dans l'Église avec un rythme de vie solidement accroché à l'adoration et à l'eucharistie quotidiennes. Il tenait ce rythme humblement tout en vivant de manière très simple. De son petit deux-pièces, il voyait vivre les prêtres de la paroisse. Il voyait notamment leur solitude, parfois dévastatrice, et observait le glissement qui pouvait s'opérer chez eux quand l'amertume et la critique les gagnaient. Comme beaucoup dans l'Église pendant cette période, il était le témoin de nombreux départs. C'était une très grande souffrance pour lui et il avait cette certitude que les prêtres ne devaient pas rester seuls.

Un jour, deux jeunes, qui avaient été accompagnés chacun de son côté par Pierre, se sentent appelés à discerner un appel au sacerdoce. Il leur conseille alors d'habiter ensemble pour avoir un rythme de prière et prendre les bons moyens pour avancer. Une sorte de « colocation spirituelle ». Une possibilité s'ouvre à Gentilly dans une paroisse, et les deux jeunes acceptent, mais à une condition : que Pierre lui-même vienne habiter avec eux !

Pierre Goursat se laisse donc déplacer, lui, le « vieux », qui était installé dans ses habitudes de célibataire après tant d'années dans le même presbytère, afin de permettre cette vie fraternelle centrée sur le Christ. Il va en effet leur apprendre à adorer. Enfin, « apprendre » est un mot un peu pompeux pour dire qu'il leur propose simplement d'adorer deux heures chaque jour avec lui. C'était ça, son école : une commune union au Christ avec des temps d'adoration ensemble et l'eucharistie chaque jour ; contempler longtemps le cœur de Jésus, se reposer en lui, le laisser transformer notre propre cœur pour mieux aimer les personnes vers qui Jésus nous envoie, écouter sa volonté… Les trois « colocataires » mettent en place des temps fraternels gratuits comme le petit déjeuner tous les matins ainsi que certains temps de partages. Il y a aussi l'accueil des plus pauvres, des jeunes en galère. Et le reste du temps, chacun a sa mission ou son travail. Fort de tout ce qu'il avait vu dans son ancienne paroisse, Pierre propose d'essayer de ne pas critiquer ou médire, mais de se parler en vérité si besoin. Une grande liberté, mais pas d'humiliation ni de médisance. Voilà des décisions simples qui permettent de garder nos cœurs et de grandir dans la fraternité et la communion. Un laïc adorateur dans le monde accompagnant des jeunes qui veulent discerner une vocation sacerdotale, c'est tout simple mais quand même cela ne manquait pas d'audace !

C'était ça, son intuition : les prêtres pour « le monde qui vient » devront être entourés d'autres prêtres et aussi de frères et sœurs chrétiens avec qui cheminer pour apprendre à toujours mieux se donner et à « durer », à aller au bout de leur vocation de serviteur sans « être à bout ». Et c'est bien l'enjeu : des baptisés, hommes et femmes, avec leur vocation propre, qui s'encouragent, persévèrent ensemble et vivent en vérité leur désir de sainteté pour continuer à être des « chercheurs de Dieu » et prendre au sérieux leur appel commun à annoncer le Christ. C'est aussi certainement un enjeu dans le processus de formation des séminaristes encore aujourd'hui.

Ce qui crée notre fraternité, c'est très simplement notre commune union au Christ. Et nous savons qu'elle n'a de valeur que si elle s'ouvre toujours sur des pauvretés plus grandes. Notre engagement dans une vocation particulière, le mariage pour nous, et en mission dans le monde, s'inscrit dans un rythme spirituel qui fonde notre engagement les uns vis-à-vis des autres. De nombreux prêtres nous ont témoigné être édifiés et se remobiliser dans leur vie de prière au milieu de mille sollicitations en voyant leurs frères et sœurs laïcs dans leur propre fidélité à la prière et à l'eucharistie.

Édifiés les uns par les autres, et avoir l'humilité de suivre le Christ ensemble. Comme le dit le proverbe : « Tout seul on va plus vite, ensemble on va plus loin ! »

Lorsque nous ne prions plus ensemble, nous ne sommes plus en communion et nous avons plus de mal à surmonter les difficultés liées à cette fraternité : les pardons difficiles à donner, les irritations humaines normales et plus régulières, le regard de désespérance que nous posons sur les personnes et les évènements, le confort de l'entre-soi qui s'installe, etc. Nous voyons bien comment cela peut vite devenir insupportable. La grande difficulté dans la vie fraternelle, ce sont évidemment… les frères !

Mais c'est aussi un enjeu simplement humain d'être attentifs à ce que nous vivons les uns les autres : par exemple dans un lieu comme la maisonnée, dont Jacques a parlé dans ce premier chapitre, chacun d'entre nous peut partager comment le Seigneur le conduit ou demander la prière de ses frères et sœurs. Ce qui nous édifie, c'est que nous pouvons tout partager, selon notre propre situation – célibataires, consacrés, couples et prêtres –, à cœur ouvert, dans la confidentialité. C'est bien ici la méthode initiée par Pierre Goursat : être les uns *avec* les autres pour faire un bout de chemin, portés les uns par les autres vers la sainteté en nous encourageant à aller à la rencontre de nos frères et sœurs en humanité, particulièrement les plus pauvres.

« AVEC » AU QUOTIDIEN COMME DANS LA MISSION

Bertrand Carron

Quand nous nous sommes mariés en 1999, nous avons posé trois fondations importantes pour nous : vivre le plus possible de la Providence, avoir une maison la plus ouverte possible et être missionnaires. Nous sommes encore en chemin.

En famille, nous sommes souvent touchés quand des prêtres s'invitent à la maison pour être *avec* nous, sans chercher finalement autre chose. Ils ont besoin de se détendre, d'être écoutés, parfois ils viennent accompagner des moments heureux ou malheureux de notre vie. Et nous sommes également touchés par la manière dont certains prêtres (Jacques en sait quelque chose) accueillent nos intuitions missionnaires.

Nous avons pris conscience de cela très tôt, quand, à 23 et 24 ans et après quelques mois de mariage, perdus au fin fond de la brousse camerounaise, le père Serge, débarquait en voisin. À la première visite, nous l'avons interrogé sur ce qu'il voulait. « Être avec vous, tout simplement »… et partager un repas. Être là, ensemble.

Au quotidien

Faustine et moi, nous nous autorisons parfois cette question à des prêtres : « Y a-t-il un lieu, des personnes avec qui tu peux souffler simplement ? » Pour notre part, nous aimons ces moments où certains passent simplement vivre le quotidien de notre famille. Nous aimons cet équilibre, ou ce doux mélange, entre des moments d'échange en profondeur, de paroles libres, de partage de nos victoires ou de nos difficultés spirituelles, et des moments plus quotidiens où l'on regarde un bon film tous ensemble autour d'une assiette gourmande, ou bien quand certains jouent aux échecs, ou à *Fifa* avec les enfants, les interrogeant sur ce qu'ils vivent... Chacun dans son style.

Nous constatons combien les prêtres ont besoin de partager de temps en temps à des frères et sœurs une étape de leur vie, de la plus banale à la plus personnelle. Certains nous soumettent parfois des décisions qu'ils ont à prendre. La plupart du temps ils ont juste besoin d'un regard, d'un écho à leur question, dans un climat de simplicité et de confiance bien plus qu'une quelconque direction.

Nous avons été marqués par un ami prêtre, François, qui un jour m'a appelé et m'a demandé s'il pouvait pleurer avec moi, car il venait de perdre sa sœur. Une heure au téléphone où il avait pu dire sa tristesse, sa colère, son incompréhension, et tout simplement parler des moments douloureux qu'il venait de vivre au chevet de sa sœur. Certes nous étions là au bon moment, et c'était aussi simple que profond pour chacun de nous. Il s'était fait vulnérable, notre amitié en est sortie fortifiée. Il n'y avait rien d'autre à faire que d'être avec lui à ce moment-là. Un frère qui avait juste besoin d'être appuyé sur un autre frère. C'est ce même prêtre qui est venu partager notre joie à chaque naissance de nos enfants et fêter ces grands moments autour d'une bière ou deux...

En mission diocésaine avec deux laïcs, Jean et Eudes, et un prêtre, le père Bertrand, dans un petit sanctuaire marial (à Béhuard), nous avons expérimenté souvent cette nécessité de prendre soin les uns des autres, toujours pour mieux être au service et « en sortie », comme dit le pape François. Cela nécessite à la fois certaines précautions, parfois de savoir se laisser bousculer.

Dans notre vie chrétienne, nous avons parfois besoin du prêtre, parfois du frère. Et le prêtre aussi a parfois besoin d'un frère ou d'une sœur. Même si à tout moment il reste prêtre, c'est un apprentissage de grandir les uns avec les autres dans des moments de vie ordinaires ou plus compliqués, tout en vivant la prudence liée à nos états de vie. Nous y reviendrons.

Dans la mission

Souvent, quand on est disponible à la mission, on attend... On attend le coup de téléphone du curé, le signe de l'Esprit Saint, le bon moment, quand on aura le temps... Mais bien souvent rien ne se passe. On attend.

Dans différentes missions que nous avons vécues, certains prêtres ou religieux proches nous ont parfois invités, *avec* eux, à participer à leur réflexion pastorale.

Quand nous avons accueilli les demandes d'un curé ou même d'un évêque, nous avons souvent discerné en réfléchissant à la question suivante : pourquoi nous, pour cette mission ? Si c'est pour combler un trou et remplir une case parmi toutes les missions qu'il a entreprises, en général ce n'est pas fécond. Nous aimons être « avec » mais pas « à côté » (ce qui ne signifie pas forcément être visible ou exposé : on peut être « avec » et rester caché). Si le prêtre en revanche exprime une faculté, un talent qu'il a remarqué chez nous, alors c'est un bon départ pour accueillir dans la confiance sa demande. Et librement nous pouvons nous mettre en route avec lui pour suivre et coconstruire cette mission.

A contrario, nous sommes également édifiés par la manière dont certains prêtres sont partis *avec* nous, ont accepté de suivre nos intuitions qui avec le temps sont devenues de véritables projets.

Nous avons en couple des intuitions missionnaires que l'on se partage régulièrement dans nos promenades. Tous les deux de nature passionnée, on se coupe beaucoup la parole, mais on arrive tout de même à accueillir ce que l'autre porte et à le faire « nôtre ». Jacques (avec d'autres) en a fait les frais plusieurs fois et son attitude d'accueil a toujours été précieuse pour nous. Le fait qu'il écoute, interroge l'intuition, et, quand il le juge opportun, nous suive pour démarrer et construire le projet avec nous. Merci Jacques ! C'est pourquoi nous n'avons pas pu refuser quand il nous a demandé de participer à ce livre.

Dans la mission, nous pouvons, prêtres et laïcs, nous rendre les uns avec les autres « disponibles » à une intuition, à un projet, à une mission construite ensemble avec nos caractères propres, nos disponibilités particulières et nos états de vie complémentaires. Nous ne sommes pas de simples « boîtes à outils » les uns des autres, mais des cochercheurs, des coexplorateurs, des coconstructeurs au service de l'annonce de l'Évangile. *« Voyez comme ils s'aiment »*, voici notre mission initiale.

Les prêtres ont choisi le célibat pour mieux se donner à tous, mais ils n'ont pas choisi la solitude et l'isolement. De même que nous pouvons les soutenir dans le célibat, de même nous pensons qu'il nous faut prendre notre part fraternelle pour ne pas les voir s'isoler ou s'encroûter dans de vieilles habitudes.

Mais tout cela n'a de sens que si c'est pour mieux nous donner ensemble et nous tourner vers ceux vers qui le Seigneur nous envoie.

II

POUR

> *« Pour vous, je suis évêque. »*
> Saint Augustin

1. EN PREMIÈRE LIGNE

Parmi les figures marquantes pour les catholiques de ma génération, il y a la silhouette athlétique, puis voûtée, de saint Jean-Paul II. Lors de son élection au siège de Pierre, j'avais 8 ans et 35 lors de son passage vers le Père. Il est le pape de mes jeunes années, comme des années décisives du discernement de ma vocation, celui des années de séminaire et des premières années de ministère. Son témoignage de vie donnée pour le Christ et l'Église, sa parole exigeante et encourageante pour les jeunes, son enseignement courageux au service de la vérité, ont été, et demeurent, pour moi des points de repère fondateurs. Ayant été amené à prêcher durant plusieurs années des retraites pour des jeunes hommes désireux de discerner leur chemin de vie, j'aimais évoquer avec eux un passage du film *Karol*, qui situe la vocation sacerdotale en peu de mots. On y voit Mgr Wojtyla, alors jeune évêque auxiliaire de Cracovie, accueillir et former des séminaristes sortis clandestinement de la Tchécoslovaquie communiste. À la question « qu'est-ce qu'un prêtre ? », il leur partage sa réponse personnelle : « C'est un homme *pour* les autres. »

À quelques années de distance, le pape François donne ce même critère de discernement aux jeunes désireux de trouver leur vocation personnelle :

> Tant de fois, dans la vie, nous perdons du temps à nous demander : « Mais qui suis-je ? » Mais tu peux te demander qui tu es et passer toute la vie en cherchant qui tu es. Demande-toi plutôt : « *Pour qui* suis-je ? » Tu es pour Dieu, sans aucun doute. Mais il a voulu que tu sois aussi pour les autres, et il a mis en toi beaucoup de qualités, des inclinations, des dons et des charismes qui ne sont pas pour toi, mais pour les autres[1].

À n'en pas douter en effet, toute vocation chrétienne authentique est *pour* autrui. Tout disciple de Jésus mettant ses pas dans les siens a tôt fait d'apprendre que l'amour de Dieu et du prochain décentre sa vie et la finalise, en relativisant ses propres désirs et besoins : « *Je ne suis pas venu pour être servi, mais pour servir* » (Mc 10, 45) ; « *Il n'y a pas de plus grand amour que de donner sa vie pour ceux qu'on aime* » (Jn 15, 13) ; « *Cette coupe est la nouvelle alliance en mon sang répandu pour vous* » (Lc 22, 20). Toute vie chrétienne est donc orientée par cet appel à se donner *pour* : son conjoint, ses enfants,

1. Pape François, *Christus vivit*, 286, 2019.

les pauvres, le bien commun, le Royaume, l'Église et sa mission… Les prêtres n'ont donc pas le monopole d'être « pour » ! Leur originalité réside plutôt dans le positionnement de ce *pour*, qui est comme redoublé : un *pour* « au carré » en quelque sorte. Je m'explique : les prêtres sont ordonnés *pour* que tous puissent accueillir le salut offert en Jésus et épanouir leur vocation personnelle, autrement dit la façon propre à chacun de vivre *pour* autrui. Les prêtres sont ainsi appelés à être des hommes *pour* les autres, afin que chacun puisse déployer le « pour » de sa vocation propre. *« C'est* pour *que nous soyons libres que le Christ nous a libérés »* (Ga 5, 1).

La place des prêtres dans le corps ecclésial n'est donc pas forcément là où nos représentations spontanées la situent. Nous trouvons à ce sujet une image parlante dans le discours du pape François, donné en 2015 pour le 50e anniversaire de l'institution du synode des évêques, à l'issue du concile Vatican II :

> Jésus a constitué l'Église en mettant à son sommet le Collège apostolique, dans lequel l'Apôtre Pierre est le « rocher » (cf. Mt 16, 18), celui qui doit « confirmer » les frères dans la foi (cf. Lc 22, 32). Mais dans cette Église, *comme dans une pyramide renversée, le sommet se trouve sous la base.* C'est pourquoi, ceux qui exercent l'autorité s'appellent « ministres » : parce que, selon la signification originelle du mot, ils sont les plus petits entre tous. C'est en servant le Peuple de Dieu que chaque évêque devient, pour la portion du Troupeau qui lui est confiée, *vicarius*

> *christi*, vicaire de ce Jésus qui, à la dernière Cène, s'est baissé pour laver les pieds des Apôtres (cf. Jn 13, 1-15). Et, dans un tel horizon, le successeur de Pierre n'est rien d'autre que le *servus servorum Dei*[1].

La « pyramide renversée » place donc le ministère apostolique, le sacerdoce ministériel et le diaconat qui lui sont associés, *sous* le plan où sont situés les fidèles laïcs et consacrés. Il s'agit clairement d'une position de soutien et de service, comme celle de Jésus au soir de la Cène. Soutien et service de ceux qui sont *en première ligne* de la mission de l'Église dans le monde. Le maillage et les siècles de civilisation paroissiale en Occident ont induit une représentation de l'Église, où les prêtres en particulier et le personnel religieux en général, sont habituellement perçus comme étant en première ligne de sa vie et de sa mission. Or, c'est en fait rigoureusement l'inverse ! Qui peut en effet porter avec pertinence la semence de l'Évangile (cf. Mc 4, 2-20) et le tranchant de la parole de Dieu (cf. He 4, 12) dans les différents secteurs de la société, dans les différentes situations de la vie quotidienne, sinon les fidèles laïcs ? Avec force, l'assemblée du synode des évêques de 2007 avait ainsi rappelé le *caractère séculier* de la vocation et de la mission des fidèles laïcs du Christ[2], appelés à porter *dans le monde*

1. Le « serviteur des serviteurs de Dieu » (saint Grégoire le Grand).
2. Cf. saint Jean-Paul II, *Christifideles laici*, 1988.

le ferment évangélique par le témoignage de leur vie et, autant que possible, une « parole de vie[1] », annonçant le nom de Jésus et la proximité de son Royaume.

Il y a là un renversement de perspective, non ? Vu l'engagement existentiel que représente le célibat choisi pour le Royaume[2], la compréhension spontanée, largement répandue dans nos esprits, situe les évêques et les prêtres aux avant-postes de la mission d'évangélisation, comme s'ils étaient en première ligne et que la « troupe » des fidèles laïcs se trouvait derrière, en deuxième ligne, voire à l'arrière-garde, plus ou moins engagée, plus ou moins nécessaire et utile… « Il faut bien aider notre curé » : s'engager dans la vie paroissiale a souvent été compris comme une aide nécessaire apportée à un homme généreux, mais seul. Comme une mise en œuvre de la charité chrétienne à l'aune de la vie de l'Église locale. Or, la « pyramide renversée » nous appelle à convertir notre regard et nos représentations. Ce ne sont pas les paroissiens qui ont à aider leur curé, mais le curé qui est envoyé au service des paroissiens. Les prêtres sont ordonnés non pas pour eux-mêmes, mais bien pour permettre aux chrétiens de vivre chrétiennement et de travailler dans le monde à l'avènement du Royaume de Dieu[3]. Pour le dire avec

1. Cf. déjà en ce sens l'exhortation de saint Paul VI, *Evangelii nuntiandi*, 21 et 22, 1975.

2. Cf. Mt 19, 12.

3. Cf. *Catéchisme de l'Église catholique*, n° 1547.

d'autres mots, le sacerdoce ministériel est au service du sacerdoce baptismal... et non l'inverse.

Une expérience me revient en mémoire à ce sujet. Après quelques très heureuses années comme vicaire en paroisse aux Sables-d'Olonne, j'ai été envoyé en mission comme aumônier auprès des étudiants à La Roche-sur-Yon. Alors jeune trentenaire, j'avais à cœur de mettre mon énergie et ma créativité au service de ces jeunes de 17 à 23 ans, au seuil de leur vie adulte. Ce fut une période passionnante ! Il m'a cependant fallu quelques mois pour comprendre que si j'étais prêtre et aumônier *pour* eux, je n'étais pas pour autant appelé à être toujours devant, en première ligne, au risque d'agir *à leur place.* Bien au contraire, ma place propre, avec les consacrés et laïcs envoyés en mission auprès d'eux avec moi, était davantage celle d'un entraîneur que celle d'un attaquant. Il ne s'agissait pas de « marquer » *moi,* mais de leur permettre de marquer *eux.* Il s'agissait en effet de favoriser et d'accompagner la prise de responsabilité par les étudiants eux-mêmes, tant pour la vie de l'aumônerie que pour les initiatives missionnaires. Ils en étaient non seulement capables, mais leur insertion au milieu des autres étudiants les rendait souvent bien plus pertinents dans leur compréhension des besoins de leurs camarades comme dans la perception des opportunités pour leur annoncer l'Évangile. Avec l'équipe pastorale, j'avais à éveiller, former et encourager leur sacerdoce baptismal, mais sans me substituer à eux. Et force était de constater que leur laisser le micro pour animer une soirée s'avérait bien plus fécond que de tenir le devant de la scène. *« Il y a un temps pour tout »*, dit l'Ecclesiaste (Qo 3, 1) : un temps pour enseigner et un temps pour écouter. Un temps pour prêcher et un temps pour donner la parole. Un temps pour être devant et un temps pour se placer derrière, pour prier, se rendre disponible, soutenir, relire… et se réjouir !

À la suite de l'assemblée du synode des évêques sur la nouvelle évangélisation, convoquée par le pape Benoît XVI en 2012, le pape François a promulgué, à l'automne 2013, l'exhortation apostolique *Evangelii Gaudium* (*La Joie de l'Évangile*), à laquelle il a donné une dimension programmatique pour son pontificat, appelant l'Église à vivre une conversion pastorale et missionnaire pour porter l'Évangile en dehors des cercles déjà rejoints, jusqu'aux « périphéries existentielles ». Il y affirme clairement la vocation de chaque baptisé à être un « disciple-missionnaire »[1], habilité par son seul baptême, dans la lumière et la force de l'Esprit Saint, à être témoin du Christ, en actes comme en paroles, à la suite des premiers disciples – de la Samaritaine, de Zachée et de tant d'autres – qui n'ont pas suivi d'études théologiques pour annoncer l'amour libérateur qu'ils ont goûté en rencontrant Jésus. Cette conversion pastorale, si elle nécessite la conversion des pasteurs, appelle aussi chacun de nous à une conversion du regard sur sa propre

1. Pape François, *Evangelii Gaudium*, 120, 2013.

vocation, sur sa propre mission et sur la place des autres vocations dans le corps de l'Église. Quel membre serait superflu ? Duquel d'entre eux n'aurais-je rien à recevoir ?

2. UN SEUL, TOUS ET QUELQUES-UNS

Allons plus avant pour préciser la vocation propre des prêtres, au sein et au service du corps de l'Église. Qu'est-ce qu'un prêtre ? Une anecdote m'a marqué, qui donne un cadre éclairant pour répondre à cette question fondamentale. Avant l'ordination sacerdotale, comme le prévoit le droit de l'Église, j'ai vécu avec les diacres de mon année de séminaire une « retraite d'ordination », c'est-à-dire une semaine à l'écart pour pouvoir prier et méditer dans un cadre favorable, afin de vivre avec un cœur disponible ce passage à un nouvel état de vie et l'entrée dans le ministère presbytéral. Nous avons ainsi été accueillis dans une Trappe, une abbaye cistercienne, pour vivre ce temps « d'exercices spirituels ». À plusieurs occasions, j'ai ainsi pu bénéficier de l'écoute attentive et de quelques précieux conseils d'un moine-prêtre, à la vie certes différente de celle d'un prêtre diocésain, mais qui avait la sagesse d'un véritable « homme de Dieu », riche d'une profonde expérience spirituelle irriguée par un grand amour de l'Église et de son mystère. Lors de notre dernier entretien, il eut cette parole que je garde depuis en mémoire : « Rappelle-toi qu'un seul est prêtre, que tous sont prêtres et que quelques-uns sont prêtres[1] »... Un seul, tous, quelques-uns : formule percutante et synthétique, mais qui demande à être explicitée. « *Un seul* prêtre » : Jésus. « *Tous* prêtres » : les baptisés. « *Quelques-uns* prêtres » : les baptisés, ordonnés *pour* le sacerdoce, à savoir les prêtres et les évêques.

Le seul, l'unique Grand Prêtre, c'est bien sûr Jésus, « *unique médiateur entre Dieu et les hommes* » (1 Tm 2, 5).

> *Il ne s'est pas donné à lui-même la gloire de devenir grand-prêtre ; il l'a reçue de Dieu, qui lui a dit : Tu es mon Fils, moi, aujourd'hui, je t'ai engendré, car il lui dit aussi dans un autre psaume : Tu es prêtre de l'ordre de Melchisédech, pour l'éternité.* (He 5, 5-6)

La lettre aux Hébreux, datée du dernier tiers du Ier siècle, constitue l'écrit néotestamentaire décisif pour entrer dans l'intelligence du sacerdoce du Christ, accomplissant et dépassant le sacerdoce lévitique de la première Alliance[2]. Ce dernier se recevait par filiation, au sein de la tribu de Lévi, la tribu sacerdotale, qui n'avait pas reçu de territoire en partage lors de l'entrée des douze tribus d'Israël en Terre promise (Nb 26, 62), mais qui vivait

---

1. Il s'agit d'une citation du Père Yves Congar, *in* « Un essai de théologie sur le sacerdoce catholique. La thèse de l'Abbé Long-Hasselmans sur le sacerdoce », *Revue des sciences religieuses*, 1951, p. 275.

2. Cf. A. Vanhoye, *Prêtres anciens, prêtre nouveau selon le Nouveau Testament*, Paris, Seuil, 1980 et Benoît XVI, R. Sarah, *Des profondeurs de nos cœurs*, Paris, Fayard, 2020.

des « revenus » de l'autel, de la part des sacrifices qui lui était destinée, prélevée sur les offrandes des Israélites des autres tribus accomplissant les prescriptions de l'Alliance. De ce point de vue, Jésus de Nazareth n'était pas prêtre au sens juif du terme, car il n'est pas issu de la tribu de Lévi, celle de Moïse et d'Aaron. Par Joseph, il appartient en effet à la tribu de Juda, celle du roi David et de la promesse messianique (cf. 1 Sam 7 ; Is 7 ; Is 11). Il n'a donc exercé aucune « fonction » sacerdotale, il n'a sacrifié aucun animal au Temple de Jérusalem et se distingue lui-même des prêtres de son temps, tout en reconnaissant leur service. Après la guérison d'un lépreux, ne lui dit-il pas : *« Va te montrer* au prêtre *et donne l'offrande que Moïse a prescrite : ce sera pour les gens un témoignage »* (Mt 8, 4) ? Le sacerdoce de Jésus de Nazareth, n'est donc pas « fonctionnel » ou cultuel. Il ne se manifeste pas dans les catégories liturgiques et religieuses de son temps. Il est essentiel et existentiel, relativisant ainsi l'antique séparation du profane et du sacré. C'est par son être, à la fois divin et humain, que Jésus est prêtre, au sens où il unit en lui-même l'homme et Dieu. Et ce n'est pas le sang des animaux qu'il a versé, mais c'est toute sa vie, de Bethléem à Jérusalem, et son propre sang que Jésus a offert à son Père, se faisant librement « l'autel, le prêtre et la victime[1] ». C'est pourquoi la lettre aux Hébreux fait référence au psaume 109, où

1. *Missel romain*, 5e préface du temps pascal.

le roi-messie est aussi désigné comme prêtre, *« selon l'ordre du roi Melchisédech »* et non pas selon le sacerdoce héréditaire de la tribu de Lévi. Melchisédech est un personnage mystérieux, *« roi de Salem »* et *« prêtre du Dieu très-haut »* (Gn 14, 18-20). Sans ascendance connue, il renvoie donc à un sacerdoce d'une autre nature, qui ne se transmet pas par la filiation charnelle, mais par une grâce venue d'en haut.

Avant tout, *« un seul est prêtre »* donc, *« pour l'éternité »* (Ps 109, 4) :

> *Jusque-là, un grand nombre de prêtres se sont succédé parce que la mort les empêchait de rester en fonction. Jésus, lui, parce qu'il demeure pour l'éternité, possède un sacerdoce qui ne passe pas. C'est pourquoi il est capable de sauver d'une manière définitive ceux qui par lui s'avancent vers Dieu, car il est toujours vivant pour intervenir en leur faveur. C'est bien le grand prêtre qu'il nous fallait : saint, innocent, immaculé ; séparé maintenant des pécheurs, il est désormais plus haut que les cieux.* (He 7, 23-27)

Ensuite, « tous sont prêtres », par le baptême. C'est toujours une grande joie, lorsqu'il m'est donné de célébrer un baptême, d'oindre de saint chrême[1] le front du nouveau baptisé en déclarant : « Tu fais maintenant partie du Peuple de Dieu, tu es membre du Corps du Christ et tu

---

1. Huile parfumée consacrée par l'évêque au cours de la messe *chrismale* au cours de la semaine sainte, précédant la solennité de Pâques.

participes à sa dignité de *prêtre*, de prophète et de roi[1]. » Par la grâce du baptême, Jésus associe ainsi ses disciples à son sacerdoce, à sa mission de médiation entre le Ciel et la terre : l'Église reçoit d'en haut la parole et la grâce de Dieu pour les offrir ici-bas à tous ceux qui veulent bien les accueillir, et elle fait monter vers le Père, par le sacerdoce de Jésus, « par lui, avec lui et en lui », « les joies et les espoirs, les tristesses et les angoisses des hommes de ce temps, des pauvres surtout et de tous ceux qui souffrent »[2]. Le rituel romain du baptême est clair : il s'agit d'une *participation* au sacerdoce de Jésus et non d'une capacité propre. Pour autant, ce « sacerdoce baptismal », encore appelé sacerdoce « commun » ou « royal », est un don qu'il s'agit de déployer dans toutes les dimensions de notre vie de baptisés :

> Le Christ Seigneur, grand prêtre pris d'entre les hommes (cf. He 5, 1-5) a fait du peuple nouveau « un Royaume de prêtres pour son Dieu et Père » (Ap 1, 6 ; 5, 9-10). Les baptisés, en effet, par la régénération et l'onction du Saint-Esprit, sont consacrés pour être une demeure spirituelle et un sacerdoce saint, de façon à offrir, par toutes les activités du chrétien, autant d'hosties spirituelles, en proclamant les merveilles de celui qui, des ténèbres, les a appelés à son admirable lumière (cf. 1 P 2, 4-10). C'est pourquoi tous les disciples

1. *Rituel romain du baptême.*

2. Concile Vatican II, constitution *Gaudium et spes*, 1.

du Christ, persévérant dans la prière et la louange de Dieu (cf. Ac 2, 42-47), doivent s'offrir en victimes vivantes, saintes, agréables à Dieu (cf. Rm 12, 1), porter témoignage du Christ sur toute la surface de la terre, et rendre raison, sur toute requête, de l'espérance qui est en eux d'une vie éternelle (cf. 1 P 3, 15)[1].

Enfin, « quelques-uns sont prêtres », par l'imposition des mains et le don du Saint-Esprit, qui les « configure au Christ Tête, pasteur et époux de l'Église »[2]. L'ordination sacerdotale confère « un *caractère spirituel indélébile* et il ne peut pas être réitéré ni être conféré temporairement[3] ». Le sacerdoce ministériel marque donc l'être du prêtre pour toujours, non pas pour lui-même, mais *pour* le service de l'Église, en l'habilitant à agir pour elle *in persona Christi capitis*, « en la personne du Christ tête ». En son nom, il peut ainsi pardonner les péchés et offrir le sacrifice eucharistique. Lorsque le ministère pastoral l'amène à dire « *je* te pardonne tous tes péchés », ou bien « ceci est *mon* corps, livré pour vous », c'est le « *je* » de Jésus qui s'exprime par les lèvres du prêtre, qui agit *en son nom*, celui du Christ, et non pas en son nom propre.

Le Nouveau Testament souligne unanimement que l'Esprit du Christ lui-même a introduit dans le

1. Concile Vatican II, constitution *Lumen Gentium*, 10.

2. Saint Jean-Paul II, *Pastores dabo vobis*, chap. II.

3. *Catéchisme de l'Église catholique*, 1582.

> ministère ces hommes choisis du milieu des frères. Par le geste de l'imposition des mains (cf. Ac 6, 6 ; 1 Tm 4, 14 ; 5, 22 ; 2 Tm 1, 6), qui transmet le don de l'Esprit, ces hommes sont appelés et habilités à continuer le même ministère de réconcilier, de paître le troupeau de Dieu, et d'enseigner (cf. Ac 20, 28 ; 1 P 5, 2). Les prêtres sont ainsi appelés à prolonger la présence du Christ, unique et souverain Pasteur, en retrouvant son style de vie et en se rendant en quelque sorte transparents à lui au milieu du troupeau qui leur est confié. [...] Dans l'Église et *pour* l'Église, les prêtres représentent sacramentellement Jésus Christ Tête et Pasteur, ils proclament authentiquement la Parole, ils répètent ses gestes de pardon et d'offre du salut, surtout par le Baptême, la Pénitence et l'Eucharistie, ils exercent sa sollicitude pleine d'amour, jusqu'au don total de soi-même, *pour* le troupeau qu'ils rassemblent dans l'unité et conduisent au Père par le Christ dans l'Esprit. En un mot, les prêtres existent et agissent *pour* l'annonce de l'Évangile au monde et *pour* l'édification de l'Église au nom du Christ Tête et Pasteur *en personne*[1].

Ainsi, le prêtre représente, au sens où il « rend présent », notre Seigneur Jésus, *par son ministère sacerdotal.* Il le représente *sacramentellement,* il ne l'est pas *personnellement* : il est personnellement son disciple et sacramentellement son prêtre, son ministre, son serviteur,

1. Saint Jean-Paul II, *Pastores dabo vobis,* 15. Les termes *en italique* le sont pour le présent ouvrage.

appelé à être un *« intendant fidèle et sensé »* (cf. Lc 12). Tout en étant prêtre, il doit donc demeurer disciple. Il risque sinon de s'approprier une place et des prérogatives qui ne sont pas les siennes. Comme je l'ai entendu un jour avec force dans la prédication d'un évêque : « L'apôtre qui ne demeure pas disciple, risque vite de s'annoncer lui-même ! »

Quelques-uns sont donc ordonnés prêtres, *pour* que *tous* les baptisés puissent exercer leur sacerdoce baptismal par l'offrande au Père d'une vie vécue dans l'Esprit du Fils, nourrie par sa parole et la grâce de ses sacrements. Ainsi, chaque vocation singulière contribue à l'édification de l'Église entière. Les époux portent, par leur mariage, le signe de l'Alliance nuptiale entre Jésus et son Église, pour que celle-ci réponde toujours mieux à sa vocation d'épouse fidèle et de mère accueillante et féconde ; les consacrés, les religieux et religieuses, rappellent par leur état de vie à tous les baptisés qu'ils appartiennent au Christ et que leur vie doit en être marquée dans toutes ses dimensions, tournée vers *« le Royaume et sa justice »* (Mt 6, 33) ; les diacres, « ordonnés non pas pour le sacerdoce, mais pour le service[1] », entraînent toute l'Église dans la dynamique du service, notamment des pauvres, à la suite du Christ Serviteur, qui *« n'est pas venu pour être servi, mais pour servir »* (Mc 10, 45). Et tous, quelle que soit leur situation de vie, de par leur baptême, sont

1. Concile Vatican II, constitution *Lumen Gentium*, 29.

appelés à la sainteté, à participer à la nature même de Dieu (cf. 2P 1,4) et à vivre en « disciples-missionnaires » du Seigneur Jésus durant leur pèlerinage terrestre.

Un rapprochement peut être intéressant pour notre réflexion sur les modalités d'exercice du sacerdoce ministériel aujourd'hui : Comme tout baptisé, au jour de son baptême, reçoit en partage la sainteté de Dieu par la « grâce sanctifiante », qu'il a ensuite à déployer existentiellement tout au long de sa vie, de même, tout prêtre, au jour de son ordination, est « configuré » *sacramentellement* au Christ Bon Pasteur, et il a cependant à le devenir *existentiellement* sans cesse davantage, tout au long de sa vie et de son ministère, « en retrouvant *son* style de vie et en se rendant en quelque sorte transparent à *lui* au milieu du troupeau qui lui est confié[1] ». Beau programme de toute une vie !

3. MONSIEUR L'ABBÉ, MON PÈRE OU JACQUES ?

Au début d'une nouvelle année scolaire et communautaire, je me rends à la première rencontre de ma nouvelle « maisonnée », heureux de retrouver des frères connus et aussi de nouveaux visages. La porte s'ouvre, sur le visage souriant de Serge, que je découvre :

– Bonsoir mon père, sois le bienvenu !

– Bonsoir, merci de m'accueillir chez toi ! Je m'appelle Jacques.

1. Saint Jean-Paul II, *Pastores dabo vobis*, 15.

–Je préfère dire « mon père » : j'ai un grand respect pour le sacerdoce !

–Heureux de te l'entendre dire, car moi aussi ! Mais, dans la maisonnée, je préfère être appelé par mon prénom, « Jacques », comme frère de communauté. Frère prêtre, mais frère : cela m'aide à me situer de façon juste. Et ça peut aussi aider les autres frères et sœurs.

–Ah… Ça me sera difficile ! Mais, bon, puisque tu me le demandes, je veux bien essayer !

« Comment faut-il vous appeler ? » Question souvent posée aux prêtres, *a fortiori* dans une « société liquide », où les repères communs s'estompent et avec eux un langage partagé, attribuant à chacun une place déterminée et un rôle social reconnu. Selon les lieux et la coutume locale, selon l'éducation reçue et les expériences vécues, le curseur se déplace sur la règle des appellations possibles. En France, au classique « monsieur l'abbé » adressé aux prêtres diocésains dans la plupart des paroisses, s'est souvent substitué le « père » ou « mon père » traditionnellement adressé aux religieux prêtres. L'influence du scoutisme, au sein duquel les premiers aumôniers ont souvent été des religieux, conjointe à celle de la conscription et à l'appellation « père » ou « padre » utilisée pour les aumôniers militaires, a sans doute joué un rôle en ce sens. Quoi qu'il en soit de ces variations sémantiques, il est intéressant de remarquer que la signification est exactement la même : « abbé » provient en effet de l'araméen *abba* (proche de l'*abouna* qu'utilisent aujourd'hui encore nos frères chrétiens de langue arabe au Proche-Orient) et de la racine sémitique *ab'* qui désigne… le « père », dérivé français du *pater* des langues latine et grecque.

La question peut paraître anecdotique, et il ne s'agit pas en effet d'en majorer l'importance sur un plan protocolaire. Force est de reconnaître cependant qu'elle touche à notre réflexion sur la façon d'être prêtre aujourd'hui, car *l'appellation qualifie la relation*. Elle indique une position de l'un par rapport à l'autre, elle exprime une compréhension de la vocation des interlocuteurs et du plan de leur interaction : « Dis-moi comment tu m'appelles et je te dirai qui je suis pour toi », en quelque sorte. Que l'appellation qualifie la relation, les amoureux le savent bien par exemple, eux qui s'appellent en des termes affectueux, souvent assez éloignés de l'objectivité de leur état civil…

Le thème de l'appellation et du nom donné est par ailleurs éminemment biblique. D'Adam nommant les animaux dans le jardin d'Éden (cf. Gn 2, 19) au *« nom nouveau que nul ne connaît sinon celui qui le reçoit »* (Ap 2, 17) dans le livre de l'Apocalypse, il traverse toute l'Écriture sainte. Pensons aux changements de nom qui traduisent une mission reçue, voire une conversion vécue : Abram devenant Abraham, Saraï devenant Sara, Jacob devenant Israël, jusqu'à Simon appelé désormais Pierre par Jésus, sans oublier Saul devenant Paul. Pensons aussi à la rencontre de Marie-Madeleine avec celui qu'elle prend pour un jardinier au matin de Pâques : n'est-ce pas lorsque Jésus l'appelle par son prénom qu'elle « se retourne » intérieurement et reconnaît le Ressuscité ? (cf. Jn 20, 16).

> *Mais maintenant, ainsi parle le Seigneur, lui qui t'a créé, Jacob, et t'a façonné, Israël : ne crains pas, car je t'ai racheté,* je t'ai appelé par ton nom, *tu es à moi.* (Is 43, 1)

Ainsi, dans la Bible, donner un nom, c'est donner ou dévoiler une identité. C'est aussi avoir autorité sur la réalité ou sur la personne ainsi désignée, car c'est manifester la connaissance qu'on en a. Et c'est pourquoi le Nom de Dieu est imprononçable dans la tradition juive : qui pourrait prétendre donner son identité à Celui qui est de toute éternité ? Qui oserait affirmer une autorité sur le Créateur du ciel et de la terre ? Le connaître dans toute l'étendue de son mystère ? « HaShem » en hébreu, littéralement « LeNom » est ainsi devenu une expression habituelle pour désigner indirectement Dieu lui-même. Celui qui se révèle à Moïse au buisson-ardent (cf. Ex 3) répond en effet à la question sur son nom par une formule mystérieuse, que l'on peut traduire par « Je suis celui qui est », ouvrant la voie à une interprétation métaphysique, dont la postérité ne s'est pas privée. Ou bien encore « Je suis qui je serai », dans une perspective de révélation historique, au sens où les événements à venir manifesteront son identité de Sauveur et de Père du Peuple d'Israël, à la fois protecteur et nourricier, lors de son exode d'Égypte en Terre promise. Au temps de Jésus, seul le grand-prêtre prononçait une fois par an le nom divin, seul dans le « Saint des Saints », au cœur du Temple de Jérusalem, lors du Yom Kippour, le jour du Grand Pardon. Un tel contexte met en relief la parole de l'ange dans le récit du songe de Joseph, sous la plume de Saint Matthieu*: « Tu lui* donneras le nom *de Jésus (c'est-à-dire: Le-Seigneur-sauve), car c'est lui qui sauvera son peuple de ses péchés* » (Mt 1, 21). Dimension inouïe du mystère de l'Incarnation: c'est un homme qui donne son nom au Fils du Très-Haut, au Fils de celui dont le nom ne se prononce pas! Joseph reçoit ainsi une autorité paternelle temporelle sur le Fils éternel du Père éternel...

Ce contexte biblique et liturgique permet d'entrer plus avant dans l'intelligence de la recommandation de Jésus: « *Ne donnez à personne sur terre le nom de père, car vous n'avez qu'un seul Père, celui qui est aux cieux. Ne vous faites pas non plus donner le titre de maître, car vous n'avez qu'un seul maître, le Christ* » (Mt 23, 9-10). Jésus s'adresse ainsi « *aux foules et à ses disciples* », alors qu'il les invite à observer l'enseignement des scribes et des pharisiens, donné depuis « *la chaire de Moïse* », mais sans agir « *d'après leurs actes, car ils disent et ne font pas* » (cf. Mt 23, 1-12). Tout en reconnaissant la légitimité de leur ministère d'enseignement de la Torah reçue de Dieu par Moïse au mont Sinaï (cf. Ex 19-20), Jésus dénonce leur attitude, qu'on pourrait qualifier, avec une pointe d'anachronisme, de « cléricalisme »:

> *Toutes leurs actions, ils les font pour être remarqués des gens: ils élargissent leurs phylactères et rallongent leurs franges; ils aiment les places d'honneur dans les dîners, les sièges d'honneur dans les synagogues et les salutations sur les places publiques; ils aiment à recevoir*

des gens le titre de Rabbi. Pour vous, ne vous faites pas donner le titre de Rabbi car vous n'avez qu'un seul maître pour vous enseigner, et vous êtes tous frères. (Mt 23, 5-8)

La mise en garde est claire. La charge d'enseignement de la parole de Dieu peut amener subrepticement ceux qui l'exercent à « se prendre pour Dieu », en s'appropriant peu ou prou les marques de respect et d'adoration qui reviennent à Dieu seul. En transposant à notre contexte actuel, pour les prêtres qui reçoivent avec le sacrement de l'ordre la *sacra potestas*, le « pouvoir sacré », de consacrer le pain et le vin en Corps et Sang du Seigneur, et, sous l'autorité de l'évêque, le « pouvoir » de pardonner les péchés « au nom du Père et du Fils et du Saint-Esprit », il peut y avoir le risque et la tentation de passer de ce pouvoir reçu *pour* le service de l'Église à une appropriation autocentrée du pouvoir *pour soi-même*, qui ouvre alors la porte à toutes les formes d'abus. « J'ai reçu *un* pouvoir *pour* les autres » n'équivaut pas à : « J'ai *le* pouvoir »...

Revenons à notre question initiale de l'appellation donnée aux prêtres et à la recommandation évangélique citée précédemment : *« Ne donnez à personne sur terre le nom de père, car vous n'avez qu'un seul Père, celui qui est aux cieux.* » Nous avons vu que « donner un nom » a une signification biblique profonde, qui est d'un autre ordre qu'une simple appellation coutumière. C'est donner et reconnaître une identité. Or, comme saint Paul qui *« tombe à genoux devant le Père, de qui toute paternité au ciel et sur la terre tient son nom* » (Ep 3, 14), il nous faut sans cesse revenir à cette unicité de notre Père des cieux : *« Vous n'avez qu'un seul Père.* » Et il nous faut aussi accueillir, dans le même temps, la participation à cette unique paternité qui est offerte aux hommes, comme un don, une mission et une responsabilité. Nous appelons « papa » nos pères de la terre – tout comme Jésus appelle « *abba* » son Père du ciel à l'heure terrible de Gethsémani (cf. Mc 14, 36) – sans pour autant contrevenir au commandement de « ne donner à personne sur terre le nom de père ». Car les appeler ainsi, ce n'est pas leur conférer une identité divine, originelle et créatrice, mais c'est exprimer la médiation qu'ils assurent, « tenant leur paternité » de Celui qui seul est Père, au sens plénier et absolu du terme, lui qui engendre éternellement son Fils unique dans l'Esprit Saint. « Dieu n'est pas Père à la manière des hommes. Ce sont les hommes qui doivent devenir pères à la manière de Dieu[1]. »

Ainsi, *appeler* un prêtre « père » ou « abbé » n'est pas contraire à l'Évangile, dans la mesure où l'on situe cette paternité comme relative à celle du seul auquel on peut *donner le nom* de Père : « celui qui est aux cieux ». Gardons en mémoire cette mise en garde de Jésus contre la dérive, toujours possible pour un ministre, de s'approprier indûment les marques de respect liées à son ministère et non à sa personne. *« Vous êtes tous frères* » (Mt 23, 8) : encore

1. M. Aupetit, *Paternité et cléricalisme*, Paris, Artège, 2023, p. 35.

une fois, l'Évangile nous donne ce repère primordial de la fraternité, à partir de laquelle doivent s'articuler les autres relations interpersonnelles au sein de la communauté des disciples du seul Maître, du seul *Rabbi:* Jésus. En ce sens, il m'apparaît précieux, et même nécessaire, qu'en tant que prêtres, sans rien occulter de notre identité sacerdotale, nous ayons des temps et des lieux où nous sommes appelés par notre prénom de baptême, qui est notre prénom de disciple, de frère dans la foi. Cela nous aide à ne pas nous enfermer dans un personnage ecclésiastique et à mieux habiter notre ministère sacerdotal avec notre cœur d'homme et de disciple. C'est généralement le cas entre prêtres, mais il est sain qu'avec des frères et sœurs baptisés d'autres états de vie, et aussi bien sûr avec des amis, croyants ou non, nous ayons ce mode de relation fraternel, simple et cordial, qui nous garde « les pieds sur terre ».

À l'inverse, il ne me semble pas juste de refuser toute appellation spécifique liée à notre ministère. Il peut aussi y avoir une tentation de démagogie et une certaine fuite de la responsabilité reçue avec le ministère sacerdotal. Se positionner en « copain » de tous, notamment avec des jeunes, sans honorer la spécificité pastorale des relations, ne rend pas plus accessible le trésor que le Christ a déposé dans le « vase d'argile » (cf. 2 Co 4, 7) de notre humanité *pour* le porter « en son nom » à tous ceux vers qui l'Église nous envoie. *L'appellation qualifie la relation.* Elle pose aussi un cadre au service de celle-ci : elle peut libérer la parole et elle situe clairement la relation sur un plan pastoral, en évitant la confusion des genres, terrain là encore favorable à différentes formes d'abus. La familiarité peut en effet être à l'opposé de la charité pastorale, qui ne peut se déployer que dans une juste distance, respectueuse des personnes et du service attendu. La relation pastorale, *a fortiori* lorsqu'elle est éducative, est asymétrique et doit le rester. Il s'agit donc de faire preuve d'intelligence des situations et de discernement, avec pour critère premier celui de la finalité : je suis prêtre *pour*. C'est donc le bien de ceux que je rencontre et que je sers qu'il me faut privilégier, et non pas d'abord mon « confort » personnel, quel que soit le côté vers lequel il penche.

Si l'appellation traditionnelle d'« abbé » ou de « père » revêt donc un sens relatif, il nous faut cependant à présent préciser la nature de cette paternité spirituelle attribuée aux prêtres. Remarquons d'abord que les prêtres de la nouvelle Alliance sont prêtres du Christ, c'est-à-dire du Fils, et qu'ils agissent « en *sa* personne » et non pas en celle du Père. S'ils sont témoins de la paternité de Dieu, c'est par la médiation du Fils, unique grand-prêtre, qui les associe à son unique sacerdoce *pour* que l'Église entière puisse poursuivre sa mission sacerdotale dans le monde. Il s'agit donc, pour nous prêtres, de redoubler d'esprit filial dans notre relation à notre Père du Ciel. L'attitude intérieure d'adoration et la prière – sous toutes ses formes – en constituent bien sûr la source. La relation à notre évêque est aussi un lieu fondateur et précieux pour vivre et nourrir cet esprit filial de décentrement de soi, au profit de celui de qui je reçois ma mission *par* et *pour* l'Église.

Remarquons ensuite que le ministère pastoral nous amène à transmettre et à nourrir la vie de la grâce divine par la célébration des sacrements et la prédication, tout particulièrement. Il s'agit donc de ce que le frère dominicain Benoît-Dominique de La Soujeole, dans un petit livre stimulant[1], appelle la « paternité ministérielle », liée aux actes du ministère sacerdotal. Il la distingue de la « paternité spirituelle », qui découle d'un charisme, don de l'Esprit Saint fait à certains, prêtres ou laïcs, pour en guider d'autres sur leur chemin de disciple. L'originalité de cette paternité liée au ministère sacerdotal, c'est qu'elle « engendre des frères et non des fils ». L'enfant ou l'adulte que je baptise ne devient pas en effet « mon » fils ou « ma » fille, même sur un plan spirituel : c'est un frère ou une sœur dans la foi que je reçois et que j'accueille, comme ministre de l'Église, dans la communion de la foi. *Avec* eux, je suis sauvé par la mort et la résurrection de Jésus. *Pour* eux, je célèbre le rite baptismal qui leur donne la grâce du salut. La Tradition de l'Église le montre bien, qui n'a jamais établi de lien personnel appelé à s'inscrire dans la durée, entre le ministre du baptême et ceux qu'il

1. B.-D. de La Soujeole, *Paternités et fraternités spirituelles*, Paris, Cerf, 2021, p. 56-57.

a baptisés « au nom du Père et du Fils et du Saint-Esprit ». Là encore, le prêtre, comme l'évêque ou le diacre, ne « travaille pas à son compte » : il agit *dans la personne* d'un autre.

> Le Christ est présent, par sa puissance, dans les sacrements, au point que lorsque quelqu'un baptise, c'est le Christ lui-même qui baptise[1].

La « paternité spirituelle », quant à elle, n'est donc pas une exclusivité sacerdotale. Les « Pères du désert », ces premiers moines du IVe siècle, n'étaient pas tous prêtres. Leur « paternité » n'était pas liée à un ministère, mais elle était reconnue par leurs disciples, qui bénéficiaient de leur écoute, de leur discernement et de leurs paroles de sagesse spirituelle. Une telle paternité ne se revendique pas plus qu'elle ne se décrète : elle se reçoit de la reconnaissance de ceux à qui elle bénéficie. C'est comme un discernement « en retour » : c'est aux « filles » ou « fils » spirituels de reconnaître le cas échéant une « paternité spirituelle » chez un prêtre qui les aide à avancer dans leur vie chrétienne. Cette forme de paternité échappe à celui qui l'exerce. Elle constitue un reflet de la paternité divine dont elle découle et ne donne aucun droit sur les personnes, sinon celui de les servir dans une juste charité pastorale, pour leur bien.

1. Concile Vatican II, *Sacrosanctum Concilium*, 7, d'après saint Augustin, *in Io. Évang.*, Tract. VI, I, 7, PL 35, 1428.

> Le pape François, dans sa lettre aux prêtres du 4 août 2019, encourageait les prêtres à développer une « paternité spirituelle » capable de les rendre attentifs à toute souffrance pour « pleurer avec ceux qui pleurent ». Et plus tard [...] il disait que les prêtres doivent être en communion avec l'évêque et l'évêque avec les prêtres, que la question de la communion n'est pas la démocratie, mais la paternité. L'Église est une famille où l'amour entre les membres se voit par la communion. La paternité sacerdotale est au service de la communion[1].

Ceci nous amène au juste positionnement que nous avons à vivre comme prêtres, dans nos relations pastorales, si nous voulons servir la paternité de Dieu, comme prêtres du Fils et à sa ressemblance. Éducateur ou séducteur ? Voilà le crible auquel il nous faut passer notre façon de nous situer. L'étymologie est limpide : éduquer, *ex-ducere*, c'est littéralement « conduire (*ducere*) hors (*ex*) de soi ». À l'inverse, séduire, *se-ducere*, c'est « conduire *à* soi ». Le père, l'éducateur, a pour mission de donner à celui ou celle qu'il « élève », en l'aidant à grandir, les moyens de son autonomie. De le conduire à l'âge adulte, à la capacité d'être père ou mère à son tour, librement. Il s'agit donc de ne pas s'approprier la personne accompagnée, aidée pour un temps, mais au contraire de lui permettre de « voler de ses propres ailes ». La paternité

1. F. Bustillo, *La Vocation du prêtre face aux crises. La fidélité créatrice*, Paris, Nouvelle Cité, 2021, p. 109.

véritable est libératrice, révélatrice de sa personnalité et de ses potentialités pour celui ou celle qui en bénéficie. Le positionnement séducteur, au contraire, tend à s'approprier les personnes en cherchant *pour soi-même* leur affection et leur reconnaissance. Loin d'être libératrice, la relation devient alors captatrice : elle enferme et aliène au lieu de faire grandir en libérant. Séduire ou servir, il nous faut choisir.

Le jeune prêtre doit donc être lucide sur l'attractivité naturelle de sa jeunesse et de son allant, comme le prêtre mûr ne doit pas jouer avec son expérience ou une certaine notoriété. Tout prêtre doit s'assurer que *sa* parole sert bien *la* Parole. Il nous faut cultiver l'attitude éducatrice et fuir toute velléité séductrice. Si notre humanité doit constituer un « pont » qui sert la rencontre avec le Christ, il ne s'agit bien sûr pas de la renier, de s'enlaidir ou de raser les murs, mais de veiller à ce qu'elle soit toujours orientée *vers lui* et non pas simplement utilisée à nous constituer un « fan-club » ou une « cour », tournés *vers nous*. « Il est facile de *se* faire *son* peuple, il est plus difficile d'édifier l'Église *du Christ*, mais c'est là notre mission », disait ainsi Mgr Garnier, l'évêque de Luçon par les mains duquel j'ai été ordonné.

Cette nécessaire vertu de « chasteté » dans les relations, dont nous reparlerons, vaut aussi pour les fidèles laïcs. Il est des façons d'« encenser » un prêtre qui ne l'aident pas à prendre sa juste place. Avoir « son » ou « ses » prêtres que l'on tient en estime à l'exclusion des autres ne constitue certainement pas une attitude qui « édifie » l'Église. À l'inverse, tirer en permanence sur le pianiste ne favorise pas non plus la qualité musicale de sa prestation...

En résumé, qu'on nous appelle « monsieur l'abbé », « mon père », « père Untel » ou « Untel », si l'appellation qualifie la relation, elle ne fait pas tout. L'essentiel, la fécondité de la relation, comme toujours, se situe d'abord dans l'intention du cœur. *« Si je n'ai pas la charité, s'il me manque l'amour, je ne suis qu'un cuivre qui résonne, une cymbale retentissante »* (1 Co 13, 1). Les mots aussi peuvent sonner creux : à chacun de nous de leur donner de la consistance.

4. POUR LE MONDE, PRÊTRES DE L'ÉGLISE

L'imposition des mains par l'évêque et le *presbyterium*, accompagnée de la prière d'ordination, nous fait donc prêtres du Christ. Frères de tout chrétien par le baptême reçu, nous sommes ainsi « configurés » dans notre *être* à l'unique grand-prêtre, appelés par notre ministère à révéler l'amour du Père par la Parole prêchée et les sacrements célébrés. Nous voici devant la finalité du sacerdoce ministériel : au fond, pourquoi faut-il des prêtres dans l'Église ? *Pour* quoi ? Pour *faire* quoi ? La diminution drastique du nombre de prêtres que nous connaissons en France depuis plusieurs décennies nous a en effet amenés à redistribuer certaines tâches pastorales, du catéchisme à la visite des malades, en passant par la préparation de la messe dominicale. De très nombreux baptisés bénévoles et aussi des laïcs « en mission ecclésiale », sans oublier des religieux et des religieuses, participent ainsi activement à la mission pastorale de l'Église dans les diocèses, les paroisses et les aumôneries, avec compétence et dévouement, en réponse à l'appel de leur curé ou de leur évêque. Quelle est dès lors la spécificité de l'*agir* des prêtres ? Pour répondre à cette question, il est nécessaire de nous replacer d'abord face à la spécificité de l'Église elle-même, dans sa nature originale :

> L'Église étant, dans le Christ, en quelque sorte le sacrement, c'est-à-dire à la fois le signe et l'instrument de l'union intime avec Dieu et de l'unité de tout le genre humain, elle se propose de mettre dans une plus vive lumière, pour ses fidèles et pour le monde entier, en se rattachant à l'enseignement des précédents conciles, sa propre nature et sa mission universelle[1].

L'Église peut être regardée et présentée de bien des façons. Un historien, un sociologue, un philosophe, ou encore un journaliste, peuvent chacun en dire quelque chose de pertinent, selon l'angle de vue et les outils de leur discipline, capables d'en saisir la dimension humaine, et parfois « trop humaine ». L'Église, lucide

1. Concile Vatican II, constitution *Lumen Gentium*, 1.

sur cette dimension humaine qui la constitue pour le meilleur et malheureusement aussi parfois pour le pire, comprend cependant sa propre nature dans un regard de foi, à l'écoute de la parole de Dieu accueillie dans la lecture attentive des saintes Écritures (ancien et nouveau Testaments) et de leur interprétation par la Tradition de l'Église et son magistère, c'est-à-dire par les Pères et les docteurs de l'Église, les différents conciles, l'enseignement des papes successifs et le témoignage des saints. L'extrait ci-dessus de la constitution dogmatique *Lumen Gentium* (1964) nous invite à la considérer comme un « sacrement ». Des sacrements, le catéchisme en énumère sept : baptême, confirmation, eucharistie (communion), réconciliation (confession), onction des malades, ordre et mariage. Peut-être sommes-nous moins habitués à voir l'Église elle-même comme un sacrement ? C'est pourtant de cette « sacramentalité » de l'Église que découlent les sept sacrements offerts à ceux qui veulent bien les recevoir. Le terme vient du latin *sacramentum*, traduction du grec *musterion*, rendu aussi en français par « mystère ». Le premier chapitre de la constitution *Lumen Gentium* s'intitule d'ailleurs « Le *mystère* de l'Église ». Il ne s'agit pas de noyer le poisson en affirmant que l'Église étant un « mystère », sa nature profonde échappe à toute rationalité et qu'il faut donc accepter de ne pas tout comprendre de sa logique et de ses choix. Bien au contraire, l'intelligence du croyant est invitée à entrer *dans* le mystère et à s'y laisser éclairer pour mieux *« rendre compte »* de ce qu'est l'Église dans le *« dessein bienveillant »* de Dieu (cf. Eph 1). L'image du vitrail peut nous éclairer : vu de l'extérieur de l'église, il apparaît opaque et peu lisible, alors qu'à l'inverse, vu de l'intérieur, ses formes et ses couleurs s'éclairent et livrent leur message. C'est dans la lumière de la foi que l'Église s'éclaire, que sa nature, sa mission et aussi ses institutions prennent tout leur sens. C'est donc dans ce regard de foi que nous devons chercher la spécificité de l'*agir* des prêtres.

Mais revenons encore au *mystère* de l'Église, à sa nature *sacramentelle*. La citation de *Lumen Gentium* explicite le *sacrement* comme « signe et instrument ». Un *sacrement* est donc à accueillir comme un *signe* actif, efficace. Il donne à « voir » ce qui s'accomplit de façon invisible, en celui ou celle qui le reçoit. La grâce de Dieu n'est pas immédiatement observable mais, dans les sacrements, le don de cette grâce passe par des gestes et des paroles audibles, visibles, sensibles. Pensons à l'eau et à la parole du baptême, à l'imposition des mains et au saint chrême de la confirmation, des ordinations sacerdotale et épiscopale, ou encore à la parole de l'absolution : « Et moi, au nom du Père, et du Fils et du Saint-Esprit, je te pardonne tous tes péchés. » *« Dieu est esprit »* (Jn 4, 24), mais *« le Verbe s'est fait chair »* (Jn 1, 14) et Dieu se communique à nous en passant par notre chair. La Trinité sainte s'offre à nous par le sacerdoce de Jésus, *« l'unique médiateur »* (1 Tm 2, 5). Le sacrement n'est pas seulement un *signe*, il est aussi un *instrument* par lequel Dieu se donne et agit en nous. L'Église n'est donc pas seulement une réalité humaine, une institution religieuse qui traverse les siècles depuis deux millénaires. « Sacrement du salut », « signe et instrument de l'union intime avec Dieu et de l'unité de tout le genre humain », elle est une œuvre de Dieu, un « mystère » dont il a l'initiative et où il agit. La dimension humaine de l'Église est évidente au premier regard. Sa dimension divine est première au regard de la foi. Elle est l'Église *du Christ* et non d'abord la nôtre. Prolongement historique et *« sacramentel »* du mystère de l'Incarnation, elle est le *« Corps du Christ »* (1Co 12,27). Selon la formule de Bossuet, elle est « Jésus Christ répandu et communiqué sur terre ».

Ainsi en va-t-il aussi du sacrement de l'ordre et du sacerdoce ministériel des prêtres. Il nous faut les aborder dans un regard de foi, seul capable de discerner le *mystère*, l'œuvre et le don que Dieu y accomplit par le sacerdoce de son Fils, auquel il est donné « sacramentellement » aux prêtres de participer *pour* le service de l'Église et de sa mission dans le monde. Cette participation au sacerdoce du Christ est d'abord celle des évêques, comme successeurs des Apôtres, avec qui les prêtres « coopèrent » :

> En ces temps qui sont les derniers, Père très saint, tu as envoyé dans le monde ton Fils Jésus, l'Apôtre et le Grand Prêtre que notre foi confesse. Par l'Esprit Saint, il s'est offert lui-même à toi comme une victime sans tache ; il a fait participer à sa mission ses Apôtres consacrés dans la vérité, et tu leur as donné des

> compagnons pour que l'œuvre du salut soit annoncée et accomplie dans le monde entier. Aujourd'hui encore, Seigneur, viens en aide à notre faiblesse : accorde-nous les *coopérateurs* dont nous avons besoin pour exercer le sacerdoce apostolique.
>
> Nous t'en prions, Père tout-puissant, donne à tes serviteurs que voici d'entrer dans l'ordre des prêtres ; répands une nouvelle fois au plus profond d'eux-mêmes l'Esprit de sainteté ; qu'ils reçoivent de toi, Seigneur, la charge de *seconder l'ordre épiscopal* ; qu'ils incitent à la pureté des mœurs par l'exemple de leur conduite ; qu'ils soient de *vrais collaborateurs* des évêques pour que le message de l'Évangile, par leur prédication et avec la grâce de l'Esprit Saint, porte du fruit dans les cœurs et parvienne jusqu'aux extrémités de la terre[1].

Cet extrait de la prière prononcée par l'évêque au jour de l'ordination de nouveaux prêtres manifeste clairement l'articulation de l'ordre des prêtres avec celui des évêques, qu'il a la charge de « seconder » en « coopérant » avec lui pour « exercer le sacerdoce apostolique ». Dès lors, la mission spécifique des prêtres se décline au travers des *tria munera*, les « trois charges » qui constituent la mission de l'évêque[2], au service de la mission de l'Église, prolongement de la mission messianique de Jésus. Le *munus docendi*, la charge d'enseigner et de prêcher ; le

1. *Rituel romain des ordinations.*

2. Concile Vatican II, décret *Christus Dominus*, 2.

munus sanctificandi, la charge de sanctifier, par la célébration de la liturgie et des sacrements notamment ; le *munus regendi*, la charge de gouverner, c'est-à-dire de conduire pastoralement les communautés chrétiennes dans la fidélité au « *dépôt de la foi* » (cf. 1 Tm 6, 20), pour qu'elles demeurent unies au Christ, entre elles, et cultivent un élan missionnaire en réponse à l'appel du Ressuscité à « *faire des disciples de toutes les nations* » (Mt 28, 19).

> Les prêtres aujourd'hui font beaucoup de choses. Ils assument, avec leur ministère, un grand chantier où il faut accompagner et aimer le peuple de Dieu mais sans délaisser les structures. Or, il n'est pas rare de voir un déséquilibre dans lequel la fonction l'emporte sur l'onction. Le faire étouffe l'être[1].

« L'agir suit l'être », dit avec réalisme un adage métaphysique[2]. Ainsi la spécificité de l'*agir* des prêtres ne réside pas d'abord dans les tâches qu'ils accomplissent, mais dans la dimension sacramentelle et ecclésiale de leur action, qui découle de leur *être* sacerdotal. Précisons : comme prêtre, tout particulièrement dans la prédication et la célébration des sacrements, je n'agis pas en mon nom, « à mon compte », mais *dans la personne* du Christ Tête. C'est la notion de « configuration » : le prêtre, de par son ordination, renvoie à un autre que lui-même, duquel il se reçoit et

1. F. Bustillo, *La Vocation du prêtre face aux crises*, *op. cit.*, p. 32-33.

2. *Operatio sequitur esse.*

qui lui donne « forme, figure » *pour* qu'il le représente. De ce point de vue, comme prêtres, nous sommes des pauvres aux mains vides : nous ne pouvons donner que ce que nous recevons du Christ par l'Esprit Saint. Nous ne sommes pas la source de la grâce donnée dans les sacrements, ni de la Parole prêchée, mais seulement les *« intendants des mystères »* (1Co 4,1). Collaborateurs de l'évêque qui nous a envoyés en mission, nous sommes localement serviteurs et garants de son autorité apostolique, guidés par les orientations pastorales qu'il a discernées avec ses différents conseils. En retour, collaborateurs de notre évêque, nous sommes à même de lui partager ce que nous voyons sur le « terrain » de la mission, et qui nous semble propice à éclairer son discernement pour conduire le diocèse.

« Il les enseignait en homme qui a autorité et non pas comme leurs scribes » (Mt 7, 29) : l'autorité pastorale du prêtre – et *a fortiori* de celui qui est nommé curé d'une paroisse – ne vient donc pas d'abord de sa personnalité ou de ses talents, mais avant tout du sacrement de l'ordre qu'il a reçu. Celui-ci le place comme une articulation dans le corps de l'Église (cf. Eph 4, 16), pour que la communauté chrétienne à laquelle il est envoyé soit effectivement « ecclésiale », « membre » du Corps du Christ, rattachée de façon organique à la « grande Église », non seulement par la grâce baptismale, mais aussi par l'exercice du ministère apostolique, qui permet sa cohésion et sa communion à travers l'espace et le temps.

Deux conséquences en découlent. La première, c'est que l'Église a besoin de prêtres, non pas d'abord pour *agir*, pour *faire*, mais avant tout pour *se recevoir* du Christ par l'économie sacramentelle et demeurer ainsi fidèle à sa nature de *mystère*, d'œuvre de Dieu pour le salut du monde. Prétendre organiser l'Église en seuls termes de « ressources humaines » pour faire face à ses besoins en personnel pastoral, c'est la considérer comme une ONG[1], reposant sur des hommes et des femmes de bonne volonté, mais non pas d'abord sur la grâce de Dieu. Ce n'est pas pour la beauté de la formule que Jésus a recommandé à ses disciples : « *Priez donc le maître de la moisson d'envoyer des ouvriers pour sa moisson* » (Mt 9, 38). C'est parce que cette prière place l'Église dans la vérité de sa dépendance vitale à l'égard de Celui sans qui elle n'existerait pas et *pour* qui elle existe. Et sans qui elle ne pourra jamais faire face à « l'abondance de la moisson » et remplir sa mission de salut.

La deuxième conséquence de la dimension sacramentelle et de la nature ecclésiale de l'*agir* des prêtres, nous l'avons déjà rencontrée sous la plume de saint Jean-Paul II :

> Les prêtres sont ainsi appelés à prolonger la présence du Christ, unique et souverain Pasteur, en retrouvant son style de vie et en se rendant en quelque sorte transparents à lui au milieu du troupeau qui leur est confié[2].

1. Organisation non gouvernementale.

2. Saint Jean-Paul II, *Pastores dabo vobis*, 15.

Être prêtre c'est donc être appelé à ressembler de plus en plus au « Bon Pasteur », celui qui donne sa vie pour ses brebis, à la différence du mercenaire qui s'enfuie à l'approche du danger (cf. Jn 10). C'est être appelé à marcher avec elles, en se rendant présent aux plus fragiles, en cherchant celle qui est perdue et en adoptant les différentes positions du berger vis-à-vis de ses brebis, comme aime l'évoquer le pape François :

> Soyez des pasteurs qui ont l'odeur des brebis, présents au milieu de votre peuple comme Jésus Bon Pasteur. Votre présence n'est pas secondaire, elle est indispensable. [...] Une présence pastorale signifie marcher *avec* le Peuple de Dieu, marcher *devant*, en indiquant le chemin, en indiquant la voie, marcher *au milieu*, pour le renforcer dans l'unité, marcher *derrière*, autant pour que personne ne reste en arrière, que pour suivre le flair qu'a le Peuple de Dieu pour trouver de nouvelles voies[1].
>
> Le bon pasteur écoute le troupeau, il guide le troupeau, il prend soin du troupeau. Et le troupeau sait distinguer entre les pasteurs, il ne se trompe pas : le troupeau se fie au Bon Pasteur, il se fie à Jésus. Seul le pasteur qui ressemble à Jésus donne confiance au troupeau, car *Il est la porte*. Le style de Jésus doit être le style du pasteur, il n'y en a pas d'autre[2].

1. Pape François, *Discours aux nouveaux évêques*, 19 septembre 2013. Cf. aussi *Evangelii Gaudium*, 31, 2013.

2. Pape François, *Homélie du 3 mai 2020*, dimanche du Bon Pasteur.

Les prêtres sont donc ordonnés *pour* le bien du troupeau, et non l'inverse (cf. Ez 34 et Jn 10), pour que les brebis *« aient la vie, et la vie en abondance »* (Jn 10, 10). Souvent, le bien accompli par notre ministère nous échappe et c'est bien ainsi : il ne nous appartient pas. Il arrive cependant que le Seigneur nous permette d'en avoir connaissance et c'est alors source de joie et d'action de grâce. En voici un témoignage personnel : enfant, adolescent puis jeune, j'ai eu la grâce de bénéficier de la pédagogie scoute, qui m'a aidé à grandir humainement et chrétiennement. Lorsque j'ai préparé ma « promesse », j'avais choisi de méditer plus particulièrement sur un article de la loi scoute, énonçant que « le scout est fait pour *servir et sauver* son prochain ». Or, il se trouve que lors d'un récent Jeudi saint – jour où les prêtres reçoivent un certain nombre de messages leur souhaitant une bonne fête du sacerdoce, au jour où l'Église fait mémoire de l'institution de l'Eucharistie, confiée aux Apôtres (cf. Lc 22, 19) – j'ai reçu sur mon téléphone ces quelques mots qui me sont allés droit au cœur, me rappelant ce choix posé au seuil de l'adolescence : « Merci mon père de m'accompagner sur ce chemin si ardu. Je n'oublierai jamais ce soir où vous m'avez bénie dans la rue : je reste profondément touchée par cet instant qui, je crois, m'a *sauvé* la vie... » ; « Servir et *sauver.* » J'aurais pu devenir pompier ou médecin, je suis devenu prêtre. Béni soit le Seigneur qui continue de visiter son Peuple, de le bénir, de le nourrir, de le sauver, notamment par le ministère de ses prêtres, pourtant pauvres et pécheurs, ayant bien besoin d'être sauvés, eux aussi. Car l'ordination n'est pas une canonisation ! Tout prêtre, sur son chemin de conversion, est lui aussi bénéficiaire du ministère sacerdotal de ses frères prêtres, ainsi que du témoignage stimulant de ses frères et sœurs d'autres états de vie, marchant eux aussi à la suite du Christ vers la sainteté du Royaume.

5. POUR LA GLOIRE DE DIEU ET LE SALUT DU MONDE

Comment rendrai-je au Seigneur tout le bien qu'il m'a fait ?
J'élèverai la coupe du salut, j'invoquerai le nom du Seigneur.
Ps 115, 12-13

S'il est un moment qui marque la mémoire d'un prêtre, c'est celui de la première messe qu'il préside, au lendemain de son ordination. Il a déjà offert le sacrifice eucharistique la veille, à peine devenu prêtre, au côté de son évêque, « *pour* la gloire de Dieu et le salut du monde[1] ». Et le voilà désormais dans la position du Bon Pasteur, qui rassemble les brebis *« sur des prés d'herbe fraîche »* et qui *« prépare la table »* (Ps 22, 2.5) *pour* elles, pour les nourrir du *« pain vivant, descendu du Ciel »* (Jn 6, 51).

Je me souviens très bien de ce lundi 23 juin 1997, dans l'église de Fougeré en Vendée, église « familiale »

1. *Missel romain*, traduction française.

où s'étaient mariés mes parents et où j'avais reçu pour la première fois le sacrement de la réconciliation du haut de mes 6 ans. Ce fut à la fois simple et profond, comme une messe de semaine. Entouré du curé, l'abbé Gérard Guérin, du chanoine Martial Poirier Coutansais, grand-oncle maternel alors à Luçon, de quelques amis prêtres, diacres et séminaristes, d'une bonne partie de ma famille et de quelques paroissiens disponibles, je m'avançais vers l'autel dans un mélange de joie, de paix et d'appréhension. « Le Seigneur soit avec vous. Et avec votre esprit » : la réponse de l'assemblée confirma la grâce reçue la veille. Mon esprit d'homme était désormais marqué, « configuré », par la grâce reçue pour le service de l'Église. Le sacerdoce ministériel dont j'étais revêtu me rendait capable de nourrir le sacerdoce royal des baptisés réunis pour le « repas des noces de l'Agneau ». Et j'ai prêché sur l'Eucharistie : pas très original ! « Source, sommet, pauvreté, sainteté » : quatre mots-clefs pour entrer dans le *mystère* célébré à chaque messe. Je les commentais en cherchant à canaliser mon émotion, due à l'intensité de l'événement, à la présence de mes proches et à la profondeur vertigineuse de la réalité évoquée.

> Participant au sacrifice eucharistique, *source et sommet* de toute la vie chrétienne, les fidèles offrent à Dieu la victime divine et s'offrent eux-mêmes avec elle[1].

1. Concile Vatican II, constitution *Lumen Gentium*, 11.

Profondeur et hauteur vont de pair dans le mystère de l'Eucharistie. Elle est à la fois la source profonde, invisible à l'œil nu, de laquelle s'écoule « l'eau vive » du salut, promise par Jésus à la Samaritaine au bord du puits de Jacob (Jn 4, 10 ; Is 12, 3) et le sommet vers lequel tend le regard, éclairé par la foi, qui joint la terre au Ciel, par-delà le voile de la mort. Impossible de marcher et d'avancer sans se désaltérer régulièrement : tout marcheur, randonneur ou pèlerin, vérifie cela dès les premiers kilomètres parcourus. Les disciples de Jésus aussi. Impossible d'atteindre le sommet de l'amour, de se donner soi-même en vérité, sans cette *« eau vive »* de l'Esprit, qui s'écoule avec le sang de Jésus, de son côté transpercé sur la croix (Jn 19, 34). « Et ça coule toujours ! » aimait à répéter Pierre Goursat. Le cœur de Jésus est vivant et toujours aimant, toujours ouvert et offert ! L'Eucharistie nous rend présents au sacrifice de Jésus sur la croix[1]. Chaque messe actualise, rend présent dans notre actualité, cet unique sacrifice sur un mode non sanglant[2] : Jésus s'y livre pour nous sauver du mal, du péché et de la mort, dans l'amour qui l'unit à son Père. Et qui triomphe dans sa Résurrection des morts au troisième jour : alléluia ! « Le Christ est ressuscité, il est vraiment ressuscité ! » C'est bien le mystère pascal, « l'œuvre de notre Rédemption

1. Cf. saint Jean-Paul II, encyclique *Ecclesia de Eucharistia*, 3-5, 2003.
2. Cf. Concile de Trente, Denzinger, 940.

qui s'accomplit chaque fois qu'est célébré ce sacrifice en mémorial[1] ». Notre Seigneur Jésus s'y livre pour rétablir la *communion*, en prenant sur lui, avec sa croix, le poids des péchés et des divisions qu'ils entraînent. Il s'y livre et s'y donne dans la « communion » eucharistique offerte à ceux qui veulent bien la recevoir pour vivre « l'union intime avec Dieu et l'unité du genre humain[2] ». La *communion* entre disciples apparaît donc comme un fruit du mystère pascal et de l'Eucharistie qui nous y rend présents. C'est en effet la *charité* que produit l'Eucharistie dans un cœur disponible, c'est-à-dire une communication de l'amour divin qui vient purifier, fortifier, sanctifier notre amour humain.

Car nous sommes pauvres en amour. Aussi « *de riche qu'il est, le Christ s'est fait pauvre à cause de nous, pour que nous devenions riches par sa* pauvreté » (2 Co 8, 9). Malgré la beauté des églises et de la liturgie, l'Eucharistie apparaît en effet très « pauvre » dans ses apparences : un peu de pain – non levé qui plus est – un peu de vin et quelques paroles prononcées par un prêtre : nous sommes loin de la théophanie du Sinaï lorsque Moïse a reçu le décalogue, avec éclairs et trompettes (cf. Ex 19) ! Mais nous sommes proches des Hébreux quittant l'Égypte lors

1. *Missel romain*, Messe du soir en mémoire de la Cène du Seigneur, Prière sur les offrandes.

2. Concile Vatican II, constitution *Lumen Gentium*, 1.

de la première pâque (cf. Ex 12, 1-20), mangeant eux aussi – eux d'abord – « en toute hâte », un pain azyme, non levé. Il y a une urgence eucharistique. C'est d'un pain d'urgence que grandit et se déploie le Royaume de Dieu. C'est de nos pauvretés et de nos limites, accueillantes à la grâce, que grandit et se déploie en nous la *sainteté*, qui est d'abord celle de Dieu. Le « *Saint* Sacrement » est en effet, à première vue, un pain de pauvreté, plat et sans relief, sec et sans moelleux, or c'est là, c'est par lui, que Jésus nous rejoint et nous entraîne dans son *mystère* pascal, dans sa Pâque, dans son « *passage de ce monde à son Père* » (Jn 13, 1). Il s'agit donc pour nous de présenter au Père, avec le pain et le vin de l'offrande, notre pauvreté en amour, nos aridités et nos rigidités, nos difficultés à aimer et – comme à Cana – l'eau plate et triste de nos cœurs sera transformée en vin savoureux et joyeux des noces éternelles du Messie avec son peuple (cf. Jn 2, 1-12) ! Il est donc permis d'espérer !

Les lignes de fracture et de divisions de notre monde sont nombreuses, nous l'avons déjà dit. Elles traversent même l'Église. Mais par Jésus, le « *grand-prêtre qu'il nous fallait* » (He 7, 26), la victoire finale de la charité est acquise ! La communion est offerte à tous. Et tout comme l'Eucharistie entraîne des transformations en chaîne, la communion est elle aussi un processus dynamique et puissant. Benoît XVI a ainsi comparé l'Eucharistie à la fission nucléaire et au processus de réactions en chaîne générée par l'énergie que dégage la fission du noyau d'un atome. C'était aux JMJ de Cologne en 2005[1]. Avec les jeunes Vendéens que j'accompagnais, nous avons été marqués par cette homélie imagée et éclairante, où le pape mettait en évidence cette dynamique de transformations au cœur du mystère eucharistique. D'abord la transformation de la violence extérieure subie par Jésus dans sa Passion, en offrande intérieure à son Père *pour* le salut de ses frères. Puis, en signe de cette offrande, la transformation du pain et du vin en son corps et en son sang, pour qu'en *communiant* à ce sacrement, ses disciples deviennent son Corps ecclésial, signe vivant à leur tour du Royaume de Dieu dans lequel le monde est appelé à entrer jusqu'à ce que *« Dieu soit tout en tous »* (1Co 15,28). Loin d'être une dévotion individuelle, la participation à la messe, tout comme l'adoration eucharistique qui la prolonge, apparaissent ainsi clairement comme la participation à la transformation du monde pour qu'y advienne le Royaume ! Voilà de quoi encourager notre participation active et consciente à la messe, « *pour* la gloire de Dieu et le salut du monde ». N'oublions pas que nous n'y allons jamais seuls, ni pour nous seuls. Mon « accompagnateur communautaire », un père de famille que je rencontre régulièrement pour relire l'inscription dans mon quotidien de mon appel dans la communauté de l'Emmanuel, m'a dit un jour : « On ne va pas à la messe

1. Benoît XVI, *Homélie du 21 août 2005 pour la messe d'envoi des JMJ de Cologne.*

pour soi, mais pour y porter le monde ! *A fortiori* pour un prêtre… » En effet, au-delà de la messe célébrée et prolongée dans les temps d'adoration eucharistique, nous ne sommes pas seulement ministres de l'Eucharistie et de la communion, mais nous sommes appelés à devenir des « hommes eucharistiques », transformés nous-mêmes par le *mystère* célébré et porté à nos frères et sœurs. « *Je vous exhorte donc, frères, par la tendresse de Dieu, à lui présenter votre corps – votre personne tout entière –, en sacrifice vivant, saint, capable de plaire à Dieu : c'est là, pour vous, la juste manière de lui rendre un culte* » (Rm 12, 1). « Conformez-vous au mystère de la croix du Seigneur ! » nous a ainsi encouragés notre évêque au jour de notre ordination. « Le prêtre est un homme mangé », écrivait aussi le bienheureux Antoine Chevrier, fondateur du Prado. Encore faut-il que nous soyons comestibles !

> Si l'Eucharistie est le centre et le sommet de la vie de l'Église, elle l'est pareillement du ministère sacerdotal. C'est pourquoi, en rendant grâce à Jésus Christ notre Seigneur, je veux redire que l'Eucharistie « est la raison d'être principale et centrale du sacrement du sacerdoce, qui est né effectivement au moment de l'institution de l'Eucharistie et avec elle »[1].

◆ ◆ ◆

1. Saint Jean-Paul II, *Ecclesia de Eucharistia*, 31, 2003.

LES UNS POUR LES AUTRES

Faustine Carron

Le jour de notre mariage, Bertrand et moi avons échangé nos consentements : un « oui » impliquant que nous prenions soin de notre amour, un « oui » pour accueillir ensemble la vie avec responsabilité, un « oui » ouvert aux événements heureux et malheureux de la vie, un « oui » en page blanche... Nous avons consenti à ce que nous ne savions pas encore, à être d'une manière unique l'image de l'amour de Dieu pour son Église. Pour chaque couple, cette image est une des facettes de cet amour d'éternité dont Dieu nous aime. Si cette réalité est pour nous souvent joyeuse, parfois pourtant elle est vécue dans l'aridité du quotidien, signe de la fidélité malgré tout, image de la patience de ce Dieu qui nous attend inlassablement. Parfois avec Bertrand on se porte, parfois on se supporte.

Le célibat pour le Royaume, lui, a deux modalités différentes, celle de la vie religieuse et consacrée et celle du sacerdoce. Choisir de se donner tout entier au Christ, pour mieux se donner aux hommes. Les époux, eux, dans leur vocation, choisissent de s'aimer librement pour aller vers le Christ.

Nous sommes vraiment édifiés par de nombreux prêtres qui continuent à cheminer dans leur vocation avec confiance, comme nous sommes édifiés par des couples qui rayonnent d'un amour qui attire et rend meilleur.

Voilà pour le cadre idéal, et nous voyons combien nos attentes vis-à-vis des prêtres sont exigeantes et parfois mal placées. Mais aussi combien la compréhension de l'autorité a parfois été dévoyée.

« Jésus, ayant aimé les siens qui étaient dans le monde les aima jusqu'au bout. [...] [Jésus] se lève de table, dépose son vêtement, et prend un linge qu'il se noue à la ceinture ; puis il verse de l'eau dans un bassin. Alors il se mit à laver les pieds des disciples et à les essuyer avec le linge qu'il avait à la ceinture » (Jn 13, 1-5).

Réaction outrée de Pierre et réponse de Jésus : « *Si je ne te lave pas, tu n'auras pas de part avec moi* » (v. 8) ; « *Vous aussi, vous devez vous laver les pieds les uns aux autres* » (v. 14).

Alors laver les pieds...

Les pieds de ceux qui annoncent la bonne nouvelle, et qui ont besoin d'être encouragés dans leur mission. En effet, ceux qui marchent le plus loin dans le monde sont les laïcs, qui dans le peuple de Dieu sont comme des guetteurs rapportant les cris, les joies aussi, et les interrogations du monde.

Les pieds qui marchent dans le désert, hagards, peut-être parfois rebroussant chemin et allant vers des oasis illusoires qui ne rafraîchissent pas et donnent encore plus soif. Des pieds brûlés voire cramés.

Les pieds de celui qui chute et n'arrive plus à se remettre debout.

Les pieds de celui qui est dans la boue et qui s'enfonce, qu'il convient de laver un peu plus que simplement les pieds, et cela prendra du temps, beaucoup de temps.

Oui, la vocation des prêtres, c'est aussi de se mettre à genoux pour laver ces pieds.

Au cours d'une formation, un évêque partageait que, pour lui, un homme appelé au sacerdoce aurait pu être un bon mari et un bon père de famille, à cette condition seulement il pourra renoncer à cette vocation naturelle et bonne, voulue par Dieu, pour mettre un tablier de service. Cela m'a interpellée. Les prêtres n'ont pas d'abord une activité à fournir, mais tout leur être à configurer au Christ qui a aimé jusqu'au bout.

Le prêtre a d'abord été ordonné diacre, au service, c'est dans le bon ordre, c'est un don immense qui est nécessaire pour ensuite être ordonné prêtre.

Alors qu'est-ce qu'on n'a pas compris dans tout cela ? Comment avons-nous pu autant nous planter ? Qu'est ce qui ne tourne pas rond dans notre nature, dans notre fonctionnement ?... Bien sûr, comme saint Paul nous constatons que nous faisons le mal que nous ne voulons pas et que nous n'arrivons pas à faire le bien que nous souhaitons.

Quelques années avant le rapport de la Ciase, lorsque j'ai pris conscience des premiers abus dans l'Église, j'ai été envahie de colère, de tristesse et de dégoût. Nous connaissions bien plusieurs de ces hommes qui ont cru pouvoir piétiner des petits, des femmes, des hommes… Je suis sortie de la sidération après de nombreux mois pour finir dans une tristesse immense. Je n'avais pas pensé une seconde dans ma vie de convertie que l'Église ne pouvait pas être une maison sûre, c'était inimaginable et pourtant c'était le cas. Avais-je été naïve ? Avais-je été aveuglée par nos fonctionnements, ou endormie par un imaginaire ? Complice d'un système ?

Le sexe, l'argent, le pouvoir… Voilà ce qui nous fait tomber et je pensais naïvement que cela ne pouvait être présent qu'à la marge de notre Église. Je pensais que ces hommes, en qui je mettais une confiance presque aveugle, en vis-à-vis du don immense qu'ils faisaient, ne pouvaient pas poser de tels actes. C'était impossible pour moi et ils l'ont fait…

Certains ont mal fait ou ont fait mal ou encore ont fait du mal consciemment, mais nous avons tous manqué d'attention.

Nous pouvons nous poser la question de notre propre responsabilité face à tous ces enfants et ces femmes et ces hommes qui ont été salis, meurtris et dont la parole n'a pas été écoutée.

Alors c'est seulement ensemble que nous arriverons à nous relever et à proposer une maison sûre pour aller à Dieu, avec des pieds abîmés et qui auront encore besoin d'être lavés, par nos frères prêtres qui se mettront à genoux et aussi par nous tous baptisés qui nous mettrons au service les uns des autres. Ensemble, nous continuerons à dire au début de chaque Eucharistie, devant nos frères et sœurs et à voix haute : « Je confesse à Dieu tout-puissant, je reconnais devant vous, frères et sœurs, que j'ai péché en pensée, en parole par action et *par omission.* »

Nous savons aujourd'hui par les différents rapports que tout lieu de pouvoir peut potentiellement devenir un lieu d'abus. Nous ne pourrons plus faire comme nous avons toujours fait et c'est bien ainsi. Et pour cela, nous devons redoubler de vigilance et de travail.

Les dérapages sont parfois insidieux. C'est pourquoi nous devons toujours veiller à la façon dont nous nous positionnons les uns vis-à-vis des autres. Nous avons pu nous endormir sur des comportements qui n'étaient pas justes. Respecter la liberté, la responsabilité de l'autre, enlever ses chaussures devant le mystère de l'autre et ne jamais se mettre entre Dieu et la personne pour lui obscurcir la lumière.

Nous sommes comme réveillés maintenant, mais loin d'être guéris. Nous avons besoin de nos bergers, des bergers qui donnent leur vie pour leurs brebis, qui accomplissent leur tâche, qui prennent leur place mais seulement leur place, et donc nous avons besoin d'être éduqués à ne plus attendre tout des bergers car ce n'est pas leur rôle d'être sur tous les fronts, d'avoir réponse à tout. Leur rôle c'est de donner leur vie au Christ pour que lui-même soit plus présent à travers eux pour nous, de toujours voir les brebis comme une terre sacrée, une créature voulue par Dieu et infiniment précieuse, un mystère.

Mais à notre tour qu'attendons-nous vraiment des prêtres ?

Il nous faut à présent nous garder les uns les autres, ne pas attendre des prêtres ce qu'ils n'ont pas à porter, mais attendre d'eux qu'ils nous aident à aller au Christ. Accepter d'être gardiens les uns des autres.

TOUS DISCIPLES DU CHRIST

Bertrand Carron

Avez-vous déjà commandé quelque chose en ligne ? À part quelques résistants, la plupart d'entre nous, oui. Cette culture de la consommation s'accompagne souvent de plusieurs conséquences qui sont rentrées dans nos mœurs et nous font devenir un tantinet exigeants. Il faut que ça aille vite et qu'on laisse un avis sur notre « expérience consommateur ». Les plateformes de vente elles-mêmes nous poussent à commenter tout le temps et pour n'importe quoi… même les services publics s'y mettent. Nous devons avoir un avis sur tout.

Cette culture du jugement rapide et systématique n'a-t-elle pas non plus trouvé sa place dans notre façon de « commenter » nos paroisses, nos lieux de vie spirituelle et « nos » prêtres… et ce parfois dès la sortie de messe ? Nous exprimons souvent, avec aisance mais sans bienveillance, notre admiration ou nos énervements sur tel ou tel style, détail, façon de prêcher, de célébrer, attitudes des prêtres. Untel est « vraiment foooormidable » l'autre est « tout à fait médiocre », celui-ci est trop classique, celui-là progressiste. Nous lapidons ou nous canonisons à tour de bras. Nous en avons été témoins, souvent, dans les différentes missions que nous avons vécues. L'évocation de notre mission commune appelait généralement un jugement du prêtre plutôt qu'une interrogation sur la mission elle-même, de son éventail de : « Vous avez de la chance » jusqu'à : « Je ne sais pas comment vous faites »...

Dans cette société de consommation et de performance, un autre réflexe nous guette, celui d'utiliser l'autre ou les autres plutôt que de chercher la communion. Dans les relations laïcs-prêtres cette tentation, nous semble-t-il, existe, d'ailleurs dans les deux sens. Deux écueils : le prêtre peut avoir besoin de « bande passante » et utiliser les laïcs pour ce qu'il aimerait faire en plus. À son tour, le laïc peut avoir besoin du prêtre, en mode prestataire de services.

« *Le disciple n'est pas au-dessus du maître; mais une fois bien formé, chacun sera comme son maître* » (Lc 6, 40).

Disciple... Comme l'a rappelé Jacques plus haut, le prêtre est un disciple. Le prêtre en particulier accompagne le ministère de Jésus encore à l'œuvre ici et maintenant. Il nous guide à travers le don de lui-même à tourner notre regard vers Jésus et vers les autres. N'y a-t-il pas ici un enjeu à ne pas se tromper sur la personne à suivre ? Nous devons suivre Jésus... et non pas un prêtre, quel qu'il soit. Bien évidemment, tel prêtre peut être une personne inspirante pour moi. Mais c'est bien le Christ que nous devons suivre. Il y a un risque à devenir le disciple du disciple et non du maître. Fascination ?

Il y a sans doute une conversion à vivre dans nos positionnements les uns (laïcs) par rapport aux autres (prêtres) et vice versa. La tentation du cléricalisme vient souvent des laïcs eux-mêmes ; comme il doit être difficile pour des prêtres de rester dans la gratuité et l'humilité, d'entretenir des relations simples, quand on est le point de convergence de nombreux regards.

Petit à petit, nous avons compris qu'il y avait nécessairement une tension, à mon avis féconde, dans notre rapport aux prêtres : accueillir la réalité de leur don et de leur service avec gratitude, mais sans en faire un titre de gloire ou de fascination. Si nous voulons réellement les aider à être humbles et audacieux à la fois, il nous faut sans doute sortir de nos propres réflexes cléricaux, plaçant un peu systématiquement « le prêtre » sur un piédestal.

Cette différence entre les laïcs et les prêtres qui sont, par leur baptême, tous prêtres, prophètes et rois, ne devrait pas se mesurer en termes de degré, de hiérarchie, mais en termes de nature. Jean-Paul II nous le rappelle : « Dans l'Église et pour l'Église, les prêtres représentent sacramentellement Jésus Christ Tête et Pasteur, ils proclament authentiquement la Parole, ils répètent ses gestes de pardon et d'offre du salut, surtout par le Baptême, la Pénitence et l'Eucharistie, ils exercent sa sollicitude pleine d'amour, jusqu'au don total d'eux-mêmes, pour le troupeau qu'ils rassemblent dans l'unité et conduisent au Père par le Christ dans l'Esprit[1]. » La voici la vraie différence, qui nous invite à respecter la mission du prêtre mais surtout à entrer dans une communion féconde.

Le manque de prêtres déjà bien amorcé est un enjeu majeur pour aujourd'hui, mais peut-être surtout l'occasion providentielle de revisiter nos collaborations entre prêtres et laïcs. Une période d'expérimentation et de visite en profondeur de la notion de pasteur s'ouvre à nous.

En couple, nous nous interrogeons souvent (pour ne pas dire tout le temps !) sur les modèles missionnaires de demain. Notre moteur à l'engagement, si humble soit-il, est que les laïcs vont être amenés à écouter davantage les cris du monde en tentant de ne pas se replier sur eux-mêmes au sein de clans, et de prendre part à la mission de l'Église avec sans doute plus d'ampleur et de responsabilité. Mais nous constatons quelques fois qu'il y a une tentation à vouloir « singer » les prêtres…

J'ai toujours été fasciné par la posture des compagnons ou valet des héros : l'Alfred de Batman, le Bernardo de Zorro, le « cher Watson » de Sherlock Holmes, Cecil Gaines dans *Le Majordome*… Leur posture m'interpelle toujours. Ils sont discrets, fidèles à leur tâche, on peut

1. Jean-Paul II, exhortation apostolique *Pastores dabo vobis*, 15.

compter sur eux pour tout et dans l'amitié ils savent encourager le héros, quitte à lui donner parfois une petite leçon. Ils ne sont pas au premier rang... mais ils sont indispensables à l'équilibre et au combat à mener. Au fait, quand j'évoque ce binôme serviteur-héros, auquel des deux identifiez-vous spontanément le prêtre ? Si le prêtre est un serviteur, il ne peut être en même temps le héros. Peut-être aussi nous faut-il cesser de nous chercher des héros, quels qu'ils soient. Les saints ne sont pas des héros.

Une tentation liée à la raréfaction des prêtres serait qu'ils cherchent à en faire toujours plus (ou qu'on en attende toujours plus de leur part) : être des super gestionnaires, des communicants, etc. N'est-ce pas plutôt l'occasion pour eux de se recentrer sur le cœur de leur mission ? Sans doute les prêtres vont-ils être amenés dans les années qui viennent à embrasser de plus en plus leur rôle de serviteurs. Capables d'encourager les « disciples missionnaires » – c'est-à-dire tous les baptisés sans exception, comme le rappelle souvent le pape François –, qui dans leur quotidien ou dans des missions extraordinaires porteront le Christ au monde. Nous avons plus que jamais besoin de serviteurs, seuls institués pour agir *in persona Christi* avec fonction d'enseigner, de sanctifier et de gouverner, sans jamais oublier que dans ces fonctions ils sont à l'image du Christ serviteur.

Comme couple laïc, nous nous demandons souvent comment soutenir au mieux ces trois fonctions du prêtre tout en permettant aux prêtres que nous connaissons de rester dans une attitude de serviteurs. Parce que c'est le cœur de leur appel de se donner au nom du Christ.

Jean-Paul II nous rappelle que « la communion ecclésiale est donc un don, un grand don de l'Esprit Saint ; les fidèles sont invités à le recevoir avec reconnaissance et, en même temps, à vivre avec un grand sentiment de responsabilité. Cela se réalise concrètement par leur participation à la vie et à la mission de l'Église, au service de qui les fidèles laïcs mettent leurs ministères et leurs charismes variés et complémentaires[1] ».

La communion pour la mission, voici la question centrale. Les uns pour les autres.

Alors pour nous, laïcs, n'est-il pas temps de renoncer à l'esprit du monde, qui nous met en position de jugement, pour nous mettre avec les prêtres et les consacrés en communion à l'écoute de l'Esprit Saint ? Comment veiller les uns sur les autres sans outrepasser nos fors internes, en respectant nos libertés ? Comment trouver un bon équilibre dans nos relations fraternelles et missionnaires ? Comment interpeller les prêtres à être serviteurs de nos intelligences, pour que nous restions bien connectés à la vérité avec un cœur disposé à l'amour ? Comment les encourager à être disponibles à la dispense des sacrements, sources et ressources de la vie chrétienne ? Comment nous encourager mutuellement dans la prière ? Il n'y a

1. Jean-Paul II, *Christifideles laici*, 20.

sans doute pas une réponse unique ; tant mieux d'ailleurs, ces réponses doivent engager notre liberté, notre créativité, notre sensibilité. Notre confiance commune n'est pas une histoire de hiérarchie, elle est une question d'émerveillement. Le don de leur vie que les prêtres font au Seigneur m'émerveille profondément… mais ne me fascine pas.

III

À PART ?

« Mettez à part pour moi Barnabé et Saul,
en vue de l'œuvre à laquelle je les ai appelés. »
Ac 13, 2

1. LE MYSTÈRE DE L'ÉLECTION

Vous l'aurez sans doute remarqué comme Bertrand et Faustine : les prêtres sont généralement des hommes ordinaires. Ils ont leurs qualités et leurs défauts, leurs limites et leurs talents. Il y en a des petits et des grands, des bavards et des taiseux, des drôles et des moins drôles. Ils ont leurs goûts et leurs couleurs. Ce sont des hommes parmi les hommes, avec une grande variété d'histoires, de tempéraments, de personnalités. Et voilà aussi que, par certains côtés, les prêtres sont des hommes « extraordinaires », au sens originel du mot : ils « sortent de l'ordinaire ». Ils ont un côté « à part ». Leur vocation et leur mode de vie détonent. Il est bien rare dans les documents administratifs qu'une case explicite leur soit attribuée : « prêtre », ce n'est pas tout à fait un métier comme un autre. Nous l'avons vu en effet, ce ne sont pas seulement des tâches à accomplir ni même une fonction à tenir : c'est d'abord un sacrement reçu, une « configuration » de l'être, qui habilite pour une mission *avec* et *pour* l'Église. Avant d'être envoyés en mission, les prêtres font l'expérience d'être appelés, de discerner une *vocation* : un appel qui les saisit, les dépasse et oriente toute leur vie. Appel intérieur, relayé ou précédé par des appels extérieurs, appel à devenir prêtre, discerné et confirmé *avec* l'Église et *par* elle.

> L'histoire de ma vocation sacerdotale ? C'est surtout Dieu qui la connaît. À son niveau le plus profond, toute vocation sacerdotale est un grand mystère, c'est un don qui dépasse l'homme infiniment. Nous tous, prêtres, nous en faisons clairement l'expérience dans toute notre vie. Devant la grandeur de ce don, nous sentons combien nous sommes déficients[1].

Chaque histoire de vocation sacerdotale est unique. Tout comme chaque histoire d'amour ou d'amitié d'ailleurs. Il y a les histoires plutôt linéaires, où la perception de l'appel à devenir prêtre se manifeste tôt, dans l'enfance ou l'adolescence, et mûrit par étapes, non sans remise en cause par moments. Et il y a les histoires plus abruptes, où l'appel de Dieu se fait entendre sans crier gare, alors que la vie semble déjà engagée sérieusement dans une autre direction. La mienne est plutôt linéaire : j'y relève quelques indices dans l'enfance et deux moments décisifs à 15 et 19 ans.

---

1. Saint Jean-Paul II, *Ma vocation, don et mystère*, 1997.

Né dans une famille catholique pratiquante, j'ai reçu de mes parents, de mes quatre frères et de mon environnement familial une initiation chrétienne paisible et confiante, relayée par la paroisse ou l'aumônerie militaire, puis par le scoutisme. Il m'a été donné de rencontrer de belles figures de prêtres : un grand-oncle prêtre diocésain, fidèle curé de paroisse dans la plaine vendéenne, un cousin de ma mère, missionnaire spiritain au Gabon, que nous revoyions durant l'été tous les trois ans, et plusieurs prêtres de paroisse ou aumôniers militaires, au gré des garnisons et des mutations de mon père, officier.

« Enfant de chœur », comme l'on disait alors, j'ai pu percevoir quelque chose de la beauté simple du sacerdoce ministériel, notamment lors de la célébration de la messe. Le contact cordial avec l'un des aumôniers, le père Jean-Michel Leray, m'a aussi permis d'appréhender la dimension humaine et relationnelle du ministère sacerdotal. À 15 ans, c'est la mort inattendue de mon aumônier scout, l'abbé Pierre Beaucamp, qui a constitué une étape marquante : qui allait prendre sa suite ? Je compris alors que les prêtres ne tombaient pas du ciel « déjà prêtres » : s'il y en avait, c'est que des jeunes hommes s'étaient un jour interrogés sur leur vocation personnelle et la possibilité que le Seigneur les appelle à le devenir à leur tour. Ce fut le moment d'un premier « oui », à la fois profond, relativement déterminé, et encore quelque peu insouciant : j'avais le temps de voir… Devenu étudiant, alors que le cercle de mes amitiés féminines se resserrait, je fus encouragé par plusieurs témoignages à vivre un temps de retraite selon les exercices spirituels de saint Ignace, propices au discernement et au choix d'un chemin de vie, à l'écoute du Seigneur : m'engager dans une relation amoureuse et discerner un projet de mariage ? Ou bien me rendre disponible pour lui consacrer ma vie comme prêtre ? Comme le « *murmure d'une brise légère* » (1R 19,12), son appel ne s'imposa pas. Il n'y eut pas de signe particulier, mais une légère inclination du cœur à confirmer le « oui » donné quelques années auparavant : « Oui, Seigneur, je veux bien être ton prêtre, si tu es avec moi. » Le signe vint *après*, incertitudes et questions laissant place subitement à une joie et une paix sensibles, qui m'habitèrent de façon durable. « *Venez et vous verrez* » (Jn 1, 39) répond Jésus aux deux disciples de Jean Baptiste qui commencent à marcher à sa suite. C'est en avançant, en « venant » sans certitude, que j'ai « vu », *goûté* plus exactement, où était ma place. Avec beaucoup de tact, le père prédicateur m'encouragea à poursuivre mes études, en lui écrivant mensuellement : il m'initia ainsi à l'accompagnement spirituel. Deux ans après, j'entrais au séminaire pour mon diocèse familial, celui de Luçon. C'est au cours de ces années de formation, où l'Église discerne avec les séminaristes s'ils ont les aptitudes pour le ministère sacerdotal, que je croisais la communauté de l'Emmanuel et, avec elle, une nouvelle dimension de ma vocation, qui s'est précisée par la suite.

Une vocation est une élection. Non pas un vote, bien sûr[1], mais un *choix* : un choix de Dieu qui appelle une réponse de l'homme, son choix en retour. C'est d'abord la vocation d'Adam et Ève à « *travailler et garder* » (Gn 2, 15) le jardin de la Création, le choix d'Abel et de son offrande, puis de Noé. C'est ensuite la vocation d'Abraham et la promesse d'une descendance – passant par Isaac et Jacob – d'une terre et d'une bénédiction, puis l'appel de Moïse au buisson ardent pour libérer le peuple de l'esclavage de Pharaon, suivi de celui de Josué pour conduire les tribus d'Israël en Terre promise. Puis c'est l'envoi des « juges », du prophète Samuel, du roi Saül, et l'élection improbable de David, le petit huitième de famille, que l'on n'avait même pas pensé à présenter pour recevoir l'onction royale (cf. 1S 16) : la liste biblique est longue de ces appels *particuliers* qui sont autant de « mises à part » d'une personne singulière, non pas pour elle seule, comme une faveur, mais pour le bien du peuple tout entier, comme une mission.

C'est aussi vrai – et même d'abord – du peuple d'Israël lui-même, peuple « *consacré* », « *élu* », « *choisi* » (cf. Dt 7, 6-9), non pas seulement pour lui-même mais aussi pour « *les nations* » (cf. Is 49, 6), dans le prolongement de la vocation d'Abraham, par la descendance de qui « *seront bénies toutes les familles de la terre* » (Gn 12, 3) :

1. Affirmation à nuancer : dans le cas de l'élection de l'Abbé dans une communauté monastique ou du Pape par les cardinaux, c'est un vote qui manifeste l'élection.

> *Nous sommes, Seigneur, ton peuple et ton héritage. Que tes yeux soient ouverts à la supplication de ton serviteur et d'Israël, ton peuple, écoute-les toutes les fois qu'ils crieront vers toi. Car c'est toi qui les as* mis à part *pour toi comme héritage, parmi tous les peuples de la terre.* (1 R 8, 51-53a)

Il y a donc là une constante de la tradition biblique, dont on retrouve la dynamique dans le Nouveau Testament, où Jésus choisit et envoie ses apôtres, qui, à leur tour, en appelleront et associeront d'autres à leur mission (cf. 1 Tm 4, 14)… jusqu'à aujourd'hui :

> Avec l'aide du Seigneur Jésus Christ, notre Dieu et notre Sauveur, nous les *choisissons* pour l'ordre des prêtres .

Au début de la liturgie de l'ordination, l'évêque confirme par cette formule rituelle la vocation de ceux à qui il va imposer les mains. Par ces mots, il exprime le choix de l'Église qui, après discernement, confirme l'appel du Seigneur également discerné par le candidat lui-même. Si, comme prêtres, nous sommes appelés, ordonnés et ainsi *mis à part* en un certain sens, ce n'est donc certainement pas en vue de constituer un « club », ni une « caste » ou encore moins une « élite », mais bien au contraire pour servir le Peuple de Dieu, au plus près de lui, en son sein :

> Par leur vocation et leur ordination, les prêtres de la Nouvelle Alliance sont, d'une certaine manière, *mis à part* au sein du Peuple de Dieu ; mais ce n'est *pas pour être*

séparés de ce peuple, ni d'aucun homme quel qu'il soit ; c'est *pour* être totalement *consacrés* à l'œuvre à laquelle le Seigneur les appelle. Ils ne pourraient être ministres du Christ s'ils n'étaient témoins et dispensateurs d'une vie autre que la vie terrestre, mais ils ne seraient pas non plus capables de servir les hommes s'ils restaient étrangers à leur existence et à leurs conditions de vie. Leur ministère même exige, à un titre particulier, qu'ils ne prennent pas modèle sur le monde présent et, en même temps, il réclame qu'ils vivent *dans* ce monde au milieu des hommes, que, tels de bons pasteurs, ils connaissent leurs brebis et cherchent à amener celles qui ne sont pas de ce bercail, pour qu'elles aussi écoutent la voix du Christ, afin qu'il y ait un seul troupeau et un seul pasteur[1].

La *mise à part* des prêtres est donc de l'ordre du moyen et non de la fin. Elle traduit une *consécration*, c'est-à-dire une appartenance exclusive au Seigneur pour le service de son Royaume. Elle ne constitue pas un but en soi, une finalité, mais bien plutôt une modalité du ministère sacerdotal, une condition de sa possibilité comme mission spécifique au service de l'édification du corps de l'Église. Il peut y avoir cependant un risque de se « séparer », de se placer – ou d'être placé – « au-dessus » des autres disciples : c'est le risque du « cléricalisme », dénoncé avec force et insistance par le pape François. Mais n'est-ce pas précisément le propre d'une parole prophétique de

1. Concile Vatican II, décret *Presbyterorum Ordinis* 3.

dénoncer pour mieux annoncer, au risque d'agacer et de déplaire ? Car le cléricalisme est en effet un contresens terrible, un contre-témoignage néfaste pour tous. Dans une lettre adressée aux prêtres de son diocèse de Rome, le pape décrit le cléricalisme comme une forme de mondanité spirituelle, lorsque c'est l'esprit du monde qui guide et non plus l'Esprit Saint :

> Et moi, en tant qu'ancien et de tout cœur, j'ai envie de vous dire que je suis inquiet lorsque nous retombons dans des formes de *cléricalisme* ; lorsque, peut-être sans nous en rendre compte, nous laissons voir que nous sommes supérieurs, privilégiés, placés « au-dessus » et donc *séparés* du reste du peuple saint de Dieu. Comme me l'écrivait un bon prêtre, « le cléricalisme est un symptôme d'une vie sacerdotale et laïque tentée de vivre en tenant un rôle et non dans un lien réel avec Dieu et les frères ». En bref, cela dénote une maladie qui nous fait perdre le souvenir du baptême que nous avons reçu, laissant au second plan notre appartenance au même peuple saint et nous conduisant à expérimenter l'autorité dans les différentes formes de pouvoir, sans être conscient de la duplicité, sans humilité mais avec des attitudes détachées et hautaines[1].

Retenons que si les prêtres sont appelés par le Seigneur – et donc donnés par lui à son Église –, s'ils sont « mis à part », au sens où leur vocation et leur ordination les

1. Pape François, *Lettre aux prêtres du diocèse de Rome*, 5 août 2023.

placent de façon spécifique dans le corps de l'Église, ce n'est en aucun cas pour être « séparés » du corps et des autres membres de l'unique Peuple de Dieu, mais au contraire pour le servir – de l'intérieur – « au nom » du Christ, l'unique grand-prêtre, « tête, pasteur et époux[1] ». Cette « élection » induit cependant un mode de vie original, qu'il vaut la peine d'interroger pour mieux le comprendre, et le vivre.

2. SEULS ?

« Il ne faut pas que les prêtres soient seuls » : telle était l'expression et telle était la conviction de Pierre Goursat dans le courant des années 1970. Faustine et Bertrand ont évoqué dans le premier chapitre que Pierre Goursat avait vécu depuis plus de vingt ans, comme paroissien et laïc consacré dans le célibat, au sein d'un grand presbytère parisien, où plusieurs prêtres vivaient sous le même toit avec une tendance à s'isoler chacun dans son appartement. Et le constat qu'il avait fait était que ce mode de vie pouvait conduire à une perte de ferveur spirituelle, ainsi qu'à un affadissement du zèle pastoral et missionnaire. « Il ne faut pas que les prêtres soient seuls » : sa remarque vient comme en écho au récit biblique de la Genèse, où le Créateur lui-même déclare qu'*« il n'est pas bon que l'homme soit seul »* (Gn 2, 18). Et le Créateur de

1. Cf. saint Jean-Paul II, *Pastores dabo vobis*, 1992.

façonner Ève, « *comme une aide [*ezer *en hébreu], qui lui correspondra* » (Gn 2, 21-23) car partageant la même humanité et la même dignité, à la différence des animaux qui ne sauraient « *correspondre* » à Adam (Gn 2, 19-20).

Comment dès lors articuler la bonté féconde du couple de l'homme et de la femme, voulu et béni par Dieu avec le célibat des prêtres, qui les place objectivement dans une situation de solitude affective et sexuelle, sans descendance possible ? Cette question, formulée de bien des manières, tout prêtre qui rencontre des groupes de jeunes ou d'enfants l'entend couramment : « Cela ne vous manque pas de ne pas vous marier, de ne pas fonder de famille ? » La question est non seulement légitime, mais pertinente. Le célibat sacerdotal interroge, dérange. Il semble à première vue « contre nature ». Il peut même choquer profondément et scandaliser lorsque des prêtres ne vivent pas en cohérence avec leur engagement, voire le détournent pour abuser de leur autorité pastorale et abîment durablement des cœurs et des corps. Je remercie Faustine d'avoir exprimé clairement sa colère et ses profondes interrogations face aux violences sexuelles et aux abus de pouvoir et de conscience commis par des clercs sur de nombreuses victimes, de l'enfance à l'âge adulte. Je les partage sincèrement comme prêtre. Tout comme la honte et le repentir exprimés par le pape François, qui écrivait en 2018 à tout le Peuple de Dieu :

> Avec honte et repentir, en tant que communauté ecclésiale, nous reconnaissons que nous n'avons pas su

être là où nous le devions, que nous n'avons pas agi en temps voulu en reconnaissant l'ampleur et la gravité du dommage qui était infligé à tant de vies. Nous avons négligé et abandonné les petits. Je fais miennes les paroles de l'alors cardinal Ratzinger lorsque, durant le Chemin de Croix écrit pour le Vendredi saint de 2005, il s'unit au cri de douleur de tant de victimes en disant avec force: « Que de souillures dans l'Église, et particulièrement parmi ceux qui, dans le sacerdoce, devraient lui appartenir totalement! Combien d'orgueil et d'autosuffisance[1] ! »

Il y a là un immense défi qu'il nous faut continuer de relever, ensemble. Défi de la reconnaissance et – autant que possible – de la réparation. Défi de la conversion de nos pratiques en donnant aux personnes plaignantes et victimes la priorité de notre attention. Défi de la présomption d'innocence et de l'accompagnement des prêtres mis en cause, puis des prêtres jugés. Défi de la prévention, du discernement des vocations, de la formation des séminaristes et de la formation continue des prêtres, ainsi que de toute personne en responsabilité pastorale. Le chantier est immense. Il a été engagé et nous devons résolument et humblement le poursuivre avec toute l'Église.

Le prophète Ézéchiel (cf. Ez 34) tout comme l'évangéliste saint Jean (cf. Jn 10) décrivaient déjà la trahison des pasteurs *se* servant des brebis plutôt que de les servir

1. Pape François, *Lettre au Peuple de Dieu*, 20 août 2018.

pour elles-mêmes, mercenaires à leur compte plutôt que serviteurs donnés à leur peuple. Ce drame des violences sexuelles commises par des clercs, découlant d'abus de pouvoir et de conscience, ne date donc malheureusement pas d'aujourd'hui. Mais notre génération est la première à connaître l'ampleur du phénomène, ce qui doit nous interroger avec une force renouvelée – et nous prêtres, formateurs et responsables en premier lieu – sur nos « péchés par omission ». Pour les repérer et en discerner les racines, nous ne pouvons pas agir seuls, précisément : nous avons besoin de tous les membres du corps ecclésial.

> L'ampleur et la gravité des faits exigent que nous réagissions de manière globale et communautaire. S'il est important et nécessaire pour tout chemin de conversion de prendre connaissance de ce qui s'est passé, cela n'est pourtant pas suffisant. Aujourd'hui nous avons à relever le défi en tant que peuple de Dieu d'assumer la douleur de nos frères blessés dans leur chair et dans leur esprit. Si par le passé l'omission a pu être tenue pour une forme de réponse, nous voulons aujourd'hui que la solidarité, entendue dans son acception plus profonde et exigeante, caractérise notre façon de bâtir le présent et l'avenir, en un espace où les conflits, les tensions et surtout les victimes de tout type d'abus puissent trouver une main tendue qui les protège et les sauve de leur douleur (cf. *Exhort. ap. Evangelii Gaudium*, n. 228)[1].

---

1. *Ibid.*

Il apparaît ainsi que le célibat sacerdotal peut être mal vécu et donner lieu à des recherches de compensations délictueuses voire criminelles. Mais alors, quelle est sa raison d'être ? Sa signification ? Et quelles sont les conditions d'un célibat vécu avec justesse, comme un chemin de vie épanouissant et fécond, respectueux de tous et en particulier des petits et de toute personne vulnérable ?

Avant de donner quelques éléments de réponse à ces questions fondamentales, remarquons avec un triste réalisme que les abus sexuels ne sont pas l'apanage du monde clérical et ne peuvent donc pas être appréhendés comme une conséquence immédiate du célibat sacerdotal. Une grande part des actes pédocriminels sont en effet commis dans le cadre familial[1]. Ils le sont principalement par des hommes qui n'ont pas fait le choix du célibat et qui, pour beaucoup, vivent habituellement en couple. L'actualité nous révèle par ailleurs trop souvent nombre d'abus ayant lieu dans d'autres contextes,

---

1. « La première vérité qui émerge des données disponibles est que ceux qui *commettent les abus*, autrement dit les violences (physiques, sexuelles ou émotionnelles), sont surtout *les parents, les proches, les maris d'épouses mineures, les entraîneurs et les éducateurs*. En outre, d'après des données de l'Unicef pour l'année 2017 concernant 28 pays dans le monde, sur 10 jeunes filles qui ont eu des rapports sexuels forcés, 9 révèlent avoir été victimes d'une personne connue ou proche de leur famille », pape François, *Discours de clôture de la rencontre des présidents de Conférences épiscopales sur « la protection des mineurs dans l'Église »*, Vatican, 21 au 24 février 2019.

comme les mondes du sport, de l'éducation ou de la culture. Il ne s'agit pas pour autant de se défausser et d'inviter à regarder ailleurs. Appelée à refléter la lumière du Christ dans le monde, l'Église ne peut en aucun cas consentir à ce que certains de ses ministres adoptent des attitudes et posent des actes diamétralement opposés à l'Évangile, en pervertissant l'autorité pastorale qu'elle leur a confiée.

« Les prêtres ont choisi le célibat pour mieux se donner à tous, mais ils n'ont pas choisi la solitude et l'isolement », écrit Bertrand. Cette affirmation nous rappelle quelque chose d'essentiel : les prêtres catholiques de rite latin choisissent librement de vivre un célibat chaste à la suite du Christ, lui-même célibataire. Ce choix personnel est manifesté dans la liturgie, lors de l'ordination diaconale en vue du sacerdoce, avant que l'évêque n'exprime l'élection de l'ordinand pour l'ordre des diacres :

> – Vous êtes prêts à vous engager au célibat. Voulez-vous, pour signifier le don de vous-mêmes au Christ Seigneur, garder toujours cet engagement à cause du royaume des Cieux, en vous mettant au service de Dieu et de votre prochain ?
>
> – Oui, je le veux.
>
> – Pour manifester votre résolution, avancez.

Il m'a toujours paru très significatif que ce choix de se donner entièrement au Christ et de s'engager à sa suite dans le célibat « à cause du royaume des Cieux » soit exprimé non seulement par une parole, mais aussi par un geste corporel, celui d'un pas en avant. Geste très simple, pauvre et banal en apparence, mais aussi très concret et riche de sens, signe d'un engagement impliquant tout l'être : cœur, corps et esprit. Un pas qui en appellera d'autres bien sûr, tout au long de la vie. Je me souviens d'avoir évoqué ce vertige d'un « oui » de toute une vie dans le célibat à l'un des pères formateurs du séminaire, à quelques jours de mon ordination diaconale. Avec un bon sourire, il m'avait alors répondu : « Tu vas dire oui pour la vie, c'est vrai. Mais dans les faits, tu vas dire "oui" pour quarante-huit heures »... Autrement dit, passées les réjouissances et l'assemblée porteuse du jour de l'ordination, il te faudra redire « oui », dans la sobriété et parfois l'aridité du quotidien.

Ce choix peut paraître à certains irréaliste, volontariste, voire inhumain. Pour le vivre maintenant depuis près de trente ans, je peux témoigner avec de nombreux prêtres qu'il est viable et même source de joie ! Il n'est pas sans exigences bien sûr, sans renoncements et sans combats. Mais quel état de vie n'en a pas ? Les chemins de la fidélité à la parole donnée sont rarement ici-bas des « longs fleuves tranquilles ». Le choix du célibat sacerdotal s'accompagne de la joie d'un cœur donné et libre, d'une grande disponibilité aux rencontres et aux amitiés de qualité, et, en profondeur, de la paix d'un cœur qui se sait aimé sans mérite par le Seul qui soit fidèle toujours et en tout.

> *Jésus déclara : « Amen, je vous le dis : nul n'aura quitté,* à cause du royaume de Dieu, *une maison, une femme, des frères, des parents, des enfants, sans qu'il reçoive bien davantage en ce temps-ci et, dans le monde à venir, la vie éternelle. »* (Lc 18, 29-30)

Souvent, cette parole du Christ s'accomplit ! « *Bien davantage* » ou encore « *au centuple* » (cf. Mt 19, 29) : dans la vie des prêtres, nombreuses sont les maisons ouvertes, les personnes accueillantes et les amitiés offertes. Il nous faut simplement demeurer au clair sur la nature d'un don qui n'est jamais un dû. Et qui nous est fait « à cause du royaume de Dieu » et donc pour son service.

Revenons quelques instants à la signification du célibat des prêtres de rite latin. Il existe en effet un clergé marié dans les Églises catholiques de rites oriental, maronite ou melkite par exemple. Les évêques en revanche y sont toujours choisis parmi les prêtres célibataires, ce qui nous met sur la piste de la raison pour laquelle l'Église latine a choisi de valoriser dès l'Antiquité, puis de généraliser à l'époque médiévale et de confirmer lors du Concile de Trente, l'appel au sacerdoce d'hommes ayant fait le choix du célibat. S'il n'appartient pas à la nature même du sacerdoce ministériel, le célibat choisi présente en effet une « convenance multiforme[1] » avec lui. Car il s'agit avant tout de l'état de vie choisi par le Christ Jésus lui-même : c'est le fondement « christologique » du célibat

1. Saint Paul VI, *Sacerdotalis coelibatus* 18, 1967.

des prêtres et de tous les évêques. À rebours du contexte religieux juif qui était le sien, où la fertilité est un signe de la bénédiction divine, Jésus a renoncé au mariage et à une famille de « chair et de sang », pour fonder l'Église comme une famille où l'on entre, non par la filiation charnelle comme dans la première Alliance, mais par « l'eau et l'Esprit » du baptême. Jésus a choisi d'épouser non pas une femme singulière, mais de manifester l'universalité de sa mission de salut en se donnant par amour avec son corps, son cœur et son esprit, comme un époux (cf. Jn 2, 1-12), à l'humanité entière. Et la portion de l'humanité qui choisit de répondre « oui » à cet amour et à cette offre d'une nouvelle Alliance, c'est l'Église. « *Ce mystère est grand* » (Ep 5, 32) écrit saint Paul à propos du mariage d'un époux avec son épouse : « *Je le dis en référence au Christ et à l'Église.* » Ainsi, dans la grâce du baptême, le mariage d'un homme et d'une femme, réalité familiale et sociale issue de la Création, devient-il un sacrement, porteur du mystère même du Christ Époux et de son alliance nuptiale avec son Église : splendide vocation ! Et le renoncement au mariage, choisi librement en réponse à l'appel à servir comme prêtre, s'inscrit dans l'amour du Christ Époux pour son Épouse :

> Le Christ, Fils unique du Père, du fait même de son incarnation, est constitué Médiateur entre le ciel et la terre, entre le Père et le genre humain. En pleine harmonie avec cette mission, le Christ est resté durant toute sa vie dans l'état de virginité, qui signifie son

> dévouement total au service de Dieu et des hommes. *Ce lien profond qui, dans le Christ, unit la virginité et le sacerdoce, se reflète en ceux à qui il échoit de participer à la dignité et à la mission du Médiateur et Prêtre éternel*[1].

Comme les bras du Christ en croix, nos bras et nos cœurs de prêtres sont ainsi appelés à rester ouverts et accueillants à tous, sans se refermer dans une étreinte particulière. Si nous n'avons pas de femme, nous avons bien une Épouse à aimer, à qui donner nos forces vives, c'est l'Église. C'est la paroisse, l'aumônerie, les catéchumènes, les personnes en difficulté, les fiancés, les familles en deuil, les enfants du caté comme les étudiants ou les jeunes pros, les malades et les prisonniers, et tous ceux qui ne se savent pas encore aimés de Dieu, mais pour qui Jésus donne sa vie et à qui il offre la Vie, « *en abondance* » (Jn 10, 10) !

L'absence d'une femme et d'enfants à nos côtés interroge ? C'est la dimension « prophétique » de notre célibat sacerdotal, provocateur et porteur de sens. Car cette absence prolonge le vide du tombeau au matin de Pâques : le Royaume est déjà présent, « en creux », visible seulement pour des yeux et des cœurs confiants, croyant que « *ce qui se voit est provisoire, mais ce qui ne se voit pas est éternel* » (2 Co 4, 18). La résurrection de Jésus, source et promesse de la nôtre, a ouvert une brèche dans le cycle clos des naissances et de la mort, en nous rendant

1. *Ibid.*, 21.

déjà accessible la vie éternelle. L'éternité n'est plus seulement située dans un horizon lointain, vers lequel tend la succession des générations, mais elle nous est déjà offerte par le sacerdoce du Ressuscité, partagé à son Église et prolongé en gestes et en paroles par celui de ses prêtres. C'est le sens « eschatologique » du célibat sacerdotal[1], qui n'est donc pas qu'affaire de disponibilité, mais d'abord annonce du Royaume et de sa présence discrète, mais bien réelle, dans notre monde et notre vie quotidienne. Le terme de l'histoire, le Ciel, est déjà présent et agissant ici-bas : notre célibat en constitue un signe. Dans cette perspective, le célibat consacré – avec la continence qui lui est liée – ne signifie pas un dénigrement de l'exercice de la sexualité, créée et bénie par Dieu. Mais il représente un mode de vie original, celui de Jésus, qui exprime comme une accélération, une sublimation de la signification de la sexualité, dans un accueil de la grâce et un don de soi porteurs de vie éternelle. Si nous renonçons à une descendance, c'est – paradoxalement – pour donner la Vie, celle qui ne finit pas !

Cela étant dit, il reste néanmoins à avancer patiemment et concrètement sur le chemin d'unification de notre humanité et d'intégration de notre sexualité, en posant et reposant un cadre de vie équilibrant, qui allie prière régulière, vie fraternelle et amicale signifiante, engagement pastoral et missionnaire généreux, sport,

1. *Ibid.*, 33-34.

culture, juste repos et détente... Vivre en fraternité de prêtres m'aide personnellement à établir ce juste équilibre, grâce au regard bienveillant, lucide et franc des frères qui me voient vivre. L'accompagnement spirituel et communautaire constitue lui aussi un lieu précieux pour évaluer la pertinence de ce cadre : est-il bien posé ? Faut-il l'ajuster ? La retraite spirituelle annuelle représente aussi un temps propice pour revisiter les moyens pris au service de la cohérence entre les engagements de notre ordination et la réalité vécue au quotidien.

Notre célibat volontaire n'a donc de sens qu'uni à celui du Christ et son sens est à la fois ecclésiologique, prophétique et eschatologique. C'est à la fois grand et motivant ! Il peut cependant y avoir certaines heures plus difficiles à vivre, comme dans tout état de vie. Au plan existentiel en effet, le célibat demeure comme une blessure[1], qu'il ne serait pas sain de refouler, mais qui peut être saine et féconde, à condition d'être reconnue et équilibrée par une vie relationnelle, fraternelle et spirituelle de qualité. Ève est façonnée à partir du *côté* d'Adam (cf. Gn 2, 31-24), tout comme c'est du *côté* transpercé du Christ en croix (cf. Jn 19, 33-34) que jaillissent le sang et l'eau, c'est-à-dire l'Église, qui se reçoit de la source des sacrements, de ce Cœur « qui a tant aimé les hommes » jusqu'à leur

1. Cf. E. Gobilliard, *Journal de Tanjomoha. Quand le cœur se dévoile au contact des plus pauvres*, 2016. Du même auteur, avec T. Hargot, *Aime et ce que tu veux, fais-le !*, 2018.

livrer sa vie. Au côté d'Adam, le Créateur a placé Ève comme *ezer* (Gn 2, 18), comme *aide* salutaire, rendant possible la communion dans l'amour et donc pour Adam l'épanouissement de son humanité, manifesté par son émerveillement et l'usage de la parole (cf. Gn 2, 23). Au côté du Christ rédempteur sont désormais placées l'Église et celle qui en est à la fois membre et mère, la Vierge Marie, nouvelle Ève, « *mère des vivants* » (cf. Gn 3, 20). Pour vivre notre célibat sacerdotal de façon ajustée, nous avons là de solides repères : la blessure de notre cœur d'homme ayant renoncé à fonder une famille est appelée à être régulièrement offerte dans l'amour pour être féconde, car il ne s'agit pas de devenir des « vieux gars », mais bien des prêtres au sacerdoce actif ! Nous avons à l'offrir pour l'Église et à la porter avec l'*aide* salutaire de la Vierge Marie, elle aussi placée à notre côté et que nous sommes appelés à « prendre chez nous » comme le disciple bien-aimé (Jn 19, 26-27). Nous vivons alors un célibat de don et non de frustrations ou de préservation. Un célibat sacerdotal, pastoral, ouvert à toutes les solitudes et notamment à tous les « célibataires », qui sont nombreux : de l'enfant à la veuve, en passant par les adolescents, les jeunes, tous ceux et celles qui vivent un célibat non choisi, ou une sexualité blessée, les personnes séparées, divorcées… Nous ne vivons pas alors une « solitude-isolement », mais une « solitude-ressourcement »[1],

1. G. Daucourt, *Prêtres en morceaux*, Paris, Cerf, 2022, p. 62.

à l'école du Christ Époux qui, s'il va parfois à l'écart dans un lieu désert pour un temps, ne sort jamais d'une communion affective et effective, même dans l'épreuve de la Passion : « *Je ne suis pas seul, le Père est avec moi* » (Jn 16, 31-32).

3. AVEC, MAIS PAS COMME

Prêtres *avec*, tout en étant *à part* : mission impossible ? Paradoxale, oui, mais non pas impossible, dans la mesure où l'on comprend qu'*avec* ne veut pas dire *comme*, semblable en tout point ou encore interchangeable. Nous l'avons vu à partir du thème de l'élection dans la tradition biblique : la « mise à part » d'une personne ou d'une nation par le Seigneur traduit un choix singulier, en vue d'une mission pour le bien de tous. L'ordination des prêtres leur confère ainsi une participation qui leur est propre à la mission du Christ, mais n'induit pas une élévation au-dessus du peuple de Dieu, dont ils sont et demeurent membres à part entière, disciples-missionnaires et bénéficiaires eux aussi de ses moyens de salut. *À part* ne signifie pas *en-dehors*. Le prêtre n'est donc ni au-dessus, ni au-dessous, ni à côté du peuple de Dieu, mais bien *au-dedans*, avançant *avec* ses frères et sœurs baptisés sur les chemins de la sainteté et de la mission. Car le prêtre, nous l'avons dit, est d'abord un baptisé et doit donc continuer à vivre son sacerdoce baptismal, même si « la tentation est toujours grande de vivre un sacerdoce sans baptême, c'est-à-dire sans se rappeler que le premier appel est celui à la sainteté[1] ». Par son ordination ensuite, le prêtre est envoyé et placé au service, aux pieds du peuple fidèle de Dieu, ou encore « face » ou « côte à côte », comme l'époux est situé en vis-à-vis et aux côtés de son épouse pour l'aimer, et, avec elle, donner et servir la vie.

> En tant qu'il représente le Christ Tête, Pasteur et Époux de l'Église, le prêtre est placé non seulement *dans* l'Église, mais aussi *face* à l'Église[2].

Un lieu où s'expriment avec force à la fois l'appartenance et la place propre aux prêtres au sein du peuple de Dieu, c'est la liturgie. Œuvre du Christ Prêtre et de son Corps[3], la liturgie, comme une épiphanie[4], nous donne à voir quelque chose de la communion, de la position et de l'articulation des différents membres dans l'unique corps de l'Église. Lorsqu'il est présent, le ministère – c'est-à-dire le service – de la présidence revient à l'évêque ou à l'un de ses prêtres : non pas qu'ils le méritent à titre *personnel*, mais parce qu'à titre *sacramentel* l'ordination les a habilités

1. Pape François, *Discours aux participants au Symposium sur le sacerdoce*, Rome, 17 février 2022.

2. Saint Jean-Paul II, *Pastores dabo vobis* 16, 1992.

3. Cf. Concile Vatican II, constitution *Sacrosanctum Concilium*, 1963.

4. Cf. saint Jean-Paul II, encyclique *Ecclesia de Eucharistia*, 2003.

à représenter le Christ « tête, pasteur et époux » de son Église. De ce point de vue, sans pouvoir approfondir ici la question, remarquons simplement que le positionnement du prêtre au cours de la messe exprime une dimension de sa vocation et de sa place particulière. Lorsqu'il était, ou est aujourd'hui parfois encore, tourné *ad orientem*, vers l'est, dans le même sens que les autres fidèles, il est alors manifeste qu'il est bien situé *avec* le peuple de Dieu et qu'il porte vers le Ciel, par la médiation du Christ, la prière de tous dans l'offrande du sacrifice eucharistique. Lorsqu'il est placé derrière l'autel, face à l'assemblée, dans la position du Christ vis-à-vis de ses Apôtres lors de la Cène, il est manifeste qu'il agit *pour* l'Église en offrant pour elle le sacrifice de Jésus, en sa personne et dans la position de l'époux face à l'épouse : « Ceci est mon Corps, livré pour vous », pour « toi ». La liturgie de la messe est en effet un dialogue nuptial entre le Christ, le bien-aimé, et l'Église sa bien-aimée, qui culmine dans le « repas des noces de l'Agneau », dont nous sommes les heureux invités.

> *Vous, les hommes, aimez votre femme à l'exemple du Christ : il a aimé l'Église, il s'est livré lui-même pour elle, afin de la rendre sainte en la purifiant par le bain de l'eau baptismale, accompagné d'une parole ; il voulait se la présenter à lui-même, cette Église, resplendissante, sans tache, ni ride, ni rien de tel ; il la voulait sainte et immaculée. C'est de la même façon que les maris doivent aimer leur femme : comme leur propre corps. Celui qui aime sa femme s'aime soi-même. Jamais personne n'a méprisé son propre corps : au contraire, on le nourrit, on*

> *en prend soin. C'est ce que fait le Christ pour l'Église, parce que nous sommes les membres de son corps.* (Ep 5, 25-30)

Ainsi, la célébration de la messe, si elle est « la source et le sommet » de la vie de l'Église et de toute vie chrétienne comme cela a déjà été évoqué, représente pour notre vie sacerdotale la source d'eau vive bienfaisante par excellence et le sommet liturgique du don de nous-mêmes, le foyer où notre vie affective trouve à la fois son centre de gravité et son orientation décisive. En prononçant les paroles de la consécration, par lesquelles Jésus se livre à son Église, chaque prêtre est appelé à se donner de nouveau lui aussi, à offrir le Corps et le Sang du Christ aux chrétiens en s'offrant lui-même à Dieu et à ses frères, de tout son cœur, avec tout son être :

> Le don de soi, racine et sommet de la charité pastorale, a comme destinataire l'Église. Ainsi en a-t-il été du Christ « qui a aimé l'Église et s'est livré pour elle » (Ep 5, 25). Ainsi doit-il en être du prêtre. Avec la charité pastorale qui imprègne l'exercice du ministère sacerdotal, comme un « office d'amour », « le prêtre, qui accueille la vocation au ministère, est en mesure d'en faire un choix d'amour, par lequel l'Église et les âmes deviennent son intérêt principal. Vivant concrètement cette spiritualité, il devient capable d'aimer l'Église universelle et la partie qui lui en est confiée, *avec tout l'élan d'un époux pour son épouse* »[1].

1. Saint Jean-Paul II, *Pastores dabo vobis* 23, 1992.

Source, et dans le même temps manifestation, de la communion entre les différents membres de l'Église, la liturgie, notamment eucharistique, exprime aussi une différence de rapport aux sacrements entre les fidèles laïcs du Christ et les prêtres. Comme *baptisés,* laïcs et clercs *reçoivent* les sacrements pour en vivre spirituellement. Comme ministres *ordonnés,* l'évêque, les prêtres et les diacres *donnent* les sacrements ou certains d'entre eux, au nom du Christ à qui ils ont été « configurés » par le sacrement de l'ordre, comme serviteurs et aussi comme pasteurs, pour l'évêque et les prêtres. Il nous faut donc préciser l'articulation entre le sacerdoce commun à tous les baptisés, qui « participent à la dignité du Christ, prêtre, prophète et roi » selon l'expression du *Rituel du baptême,* et le sacerdoce ministériel de l'évêque et des prêtres. Précisons au passage que les époux sont ministres de la grâce du mariage l'un pour l'autre, que des fidèles laïcs peuvent distribuer la sainte communion comme *ministres extraordinaires* en cas de besoin[1] et que toute personne peut baptiser en cas de danger de mort, ce qui témoigne avant tout de la volonté de Dieu « *que tous les hommes soient sauvés et parviennent à la pleine connaissance de la vérité* » (1 Tm 2, 4). Au sujet de l'articulation, voici ce qu'en dit l'enseignement de l'Église :

1. *Code de droit canonique,* can 230, 1983.

> Le sacerdoce commun des fidèles et le sacerdoce ministériel ou hiérarchique, qui ont entre eux *une différence essentielle et non seulement de degré, sont cependant ordonnés l'un à l'autre* : l'un et l'autre, en effet, chacun selon son mode propre, participent de *l'unique sacerdoce du Christ*. Celui qui a reçu le sacerdoce ministériel jouit d'un pouvoir sacré pour former et conduire le peuple sacerdotal, pour faire, dans le rôle du Christ, le sacrifice eucharistique et l'offrir à Dieu au nom du peuple tout entier ; *les fidèles* eux, de par le sacerdoce royal qui est le leur, concourent à l'offrande de l'Eucharistie et *exercent leur sacerdoce* par la réception des sacrements, la prière et l'action de grâces, le témoignage d'une vie sainte, leur renoncement et leur charité effective[1].

Soulignons deux choses. D'abord que les deux modes de participation à l'unique sacerdoce du Christ sont « ordonnés l'un à l'autre » : il n'y a pas de contradiction ou d'opposition structurelle dans le corps ecclésial, mais au contraire une nécessaire complémentarité des membres, appelés à se servir mutuellement, chacun selon la grâce reçue. Il ne saurait donc y avoir de « lutte des vocations ou des états de vie » selon une dialectique de pouvoirs, plus politique qu'évangélique. Ensuite que la différence entre le sacerdoce royal de *tous* les baptisés et le sacerdoce ministériel de *quelques-uns* évêques et prêtres est

1. Concile Vatican II, constitution *Lumen Gentium* 10, 1964.

une « différence essentielle et non seulement de degré », autrement dit les prêtres ne sont pas des « super-laïcs » ou les laïcs des « sous-prêtres » : la participation ministérielle au sacerdoce du Christ est d'une *autre nature* que la participation baptismale. Le « non seulement » peut donner cependant l'impression d'une supériorité, d'un « plus » : l'expression renvoie à la « hiérarchie », qui compte en effet des « degrés » : « les degrés de participation sacerdotale (épiscopat et presbytérat) et le degré de service (diaconat)[1]. » Notons au passage que la différence des deux modes de participation au sacerdoce du Christ ne provient pas non plus des études poursuivies ou des talents personnels, mais découle d'une consécration *sacramentelle*, qui habilite ceux qui la reçoivent à agir *au nom* du Christ Prêtre, en sa personne, pour l'édification de son Église et sa mission : « l'ordination est aussi appelée *consecratio* car elle est une mise à part et une investiture par le Christ lui-même, pour son Église[2]. » Il y a donc une altérité « essentielle » entre les membres laïcs et prêtres du Corps ecclésial. Comme pour l'altérité entre hommes et femmes, cette différence nous est *donnée*, non pas comme un obstacle, mais bien au contraire comme une condition de communion, pour un amour fraternel fécond :

1. *Catéchisme de l'Église catholique*, n° 1554.
2. *Ibid.*, n° 1538.

Dans le corps, Dieu a disposé les différents membres comme il l'a voulu. S'il n'y avait en tout qu'un seul membre, comment cela ferait-il un corps ? *En fait, il y a plusieurs membres, et un seul corps. L'œil ne peut pas dire à la main : « Je n'ai pas besoin de toi » ; la tête ne peut pas dire aux pieds : « Je n'ai pas besoin de vous ». [...] En organisant le corps, Dieu [...] a voulu qu'il n'y ait pas de division dans le corps, mais que les différents membres aient tous le souci les uns des autres.* (1 Co 12, 18-25)

Cette altérité des prêtres au sein du peuple de Dieu s'est matérialisée progressivement dans l'histoire par le port d'un habit spécifique, « ecclésiastique », porté dans la vie courante et sous les vêtements liturgiques. Signe de consécration à Dieu comme l'habit des religieux, il constitue aussi le témoignage d'une disponibilité, d'un service pastoral offert à tous ceux qui le voient, comme une « tenue de service » normalement signifiante pour celui qui la porte comme pour celui qui la voit portée :

Dans une société sécularisée et qui tend au matérialisme, où les signes extérieurs des réalités sacrées et surnaturelles s'estompent souvent, on ressent, particulièrement aujourd'hui, la nécessité pour le prêtre – homme de Dieu, dispensateur de ses mystères – d'être reconnaissable par la communauté, également grâce à l'habit qu'il porte, signe sans équivoque de son dévouement et de son identité de détenteur d'un ministère public. Le prêtre doit être reconnu *avant tout par son comportement mais aussi par sa façon de se vêtir,*

> pour rendre immédiatement perceptible à tout fidèle et même à tout homme son identité et son appartenance à Dieu et à l'Église[1].

Si le sujet semble s'apaiser aujourd'hui dans l'Église en France – et c'est heureux –, si les cols libres et les cols romains ne font plus guère débat et si les jeunes prêtres choisissant de porter la soutane ponctuellement ou quotidiennement sont relativement nombreux, les décennies précédentes ont souvent été le théâtre de vives tensions sur cette question : faut-il ou non qu'un prêtre porte un habit spécifique ? La réponse étant alors comprise comme le choix d'un certain rapport au monde et une façon de nous y situer comme Église du Christ : « dans » et « avec » ou « à côté », voire « contre ». Je vous partage une anecdote à ce sujet, à la fois marquante et éclairante pour moi. Alors qu'en juin 1996 j'allais être ordonné diacre, à la fin d'une matinée de travail avec l'équipe pastorale de la paroisse où je vivais régulièrement des temps de formation en alternance avec le séminaire, j'ai prévenu en quelques mots mon curé, les prêtres, la religieuse et une laïque en mission ecclésiale qui constituaient cette équipe, de mon intention de porter une chemise à « col romain » après mon ordination. Je pressentais en effet, pour notre communion fraternelle, qu'il valait mieux

1. Congrégation pour le Clergé, *Directoire pour le ministère et la vie des prêtres* 61, 2013.

prévenir que les mettre devant le fait accompli. Si je m'attendais à quelques questions, je ne pensais pas cependant déclencher une telle réaction ! L'annonce de mon choix, simple et cohérent à mes yeux, souleva un tel nombre de questions et d'incompréhensions qu'il fut décidé d'y consacrer une matinée quelques jours plus tard… Chacun put alors s'exprimer et donner son point de vue. Ce tour de table, un peu éprouvant pour le séminariste sur la sellette que j'étais, n'en fut pas moins éclairant et formateur. Mes aînés m'expliquèrent alors qu'ils portaient la soutane comme séminaristes ou jeunes prêtres, mais qu'au début des années 1960, en Algérie notamment, où plusieurs avaient été engagés avec l'armée française comme appelés du contingent, ils avaient expérimenté le « mur » qu'elle représentait entre eux et les jeunes de leur âge, s'éloignant rapidement à leur arrivée en imitant le coassement des corbeaux. La France était encore assez nettement clivée entre « laïcs » et catholiques. Quitter la soutane et même tout vêtement ecclésiastique, à l'exception d'une croix sur le revers du blouson ou de la veste pour certains, n'avait pas été pour eux un rejet de leur sacerdoce ou un évitement du témoignage, mais au contraire un choix missionnaire, permettant d'entrer en contact et en dialogue avec les milieux non chrétiens voire hostiles à l'Église, souvent par méconnaissance mutuelle. Je compris ainsi que le choix opposé que je m'apprêtais à faire avait au fond la même motivation, celle de la mission d'évangélisation, de proposition de la foi par l'annonce de l'Évangile en actes d'abord, et aussi en paroles. Le contexte avait changé. L'Église à la fin des années 1990 en France, même en Vendée, n'était plus une institution majoritaire et tutélaire. À mes yeux, le contexte pluraliste et relativiste appelait au contraire un positionnement explicite, une visibilité du clergé pour qu'il puisse être accessible et signe de la présence aimante de Dieu au cœur du monde. Comme quoi il vaut la peine de se parler ! Grâce à cette mémorable matinée, j'ai pu mieux comprendre la génération qui me précédait, ces prêtres fidèles et donnés, désireux d'apporter l'Évangile à ceux qui ne le connaissent pas, et eux ont aussi mieux compris que je ne voulais pas me protéger en fuyant la réalité dans un quelconque « retour en arrière », mais qu'au contraire, j'avais le même désir de servir la rencontre de nos contemporains avec le Seigneur.

Or le contexte a de nouveau changé. La France des années 2020 n'est plus celle du tournant du nouveau millénaire. Les débats sur le vêtement religieux ne portent plus sur l'habit des prêtres, mais sur les tenues musulmanes dans l'espace public ou scolaire. Quel est dès lors le choix le plus pertinent pour un prêtre ? Comme pour la façon de nous appeler, il nous faut garder au cœur le critère du *pour* et discerner ce qui sert le mieux le témoignage et l'annonce de l'Évangile dans un environnement donné : qu'est-ce qui est bon *pour* ceux à qui je suis envoyé ? Qu'est-ce qui sert le mieux la mission de l'Église en ce lieu ?

Il demeure que « l'habit ne fait pas le moine », même s'il y contribue. Ce n'est pas en effet l'habit qui fait la sainteté. C'est la charité. Et pour un prêtre, c'est la charité pastorale :

> Le principe intérieur, la vertu qui anime et guide la vie spirituelle du prêtre, en tant que configuré au Christ Tête et Pasteur, est la charité pastorale, participation à la charité pastorale du Christ Jésus : don gratuit de l'Esprit Saint, et, en même temps, engagement et appel à une réponse libre et responsable de la part du prêtre. *Le contenu essentiel de la charité pastorale est le don de soi, le don total de soi-même à l'Église*, à l'image du don du Christ et en partage avec lui[1].

4. À LA MANIÈRE DES APÔTRES

Un geste de la liturgie d'ordination m'a particulièrement marqué. Alors que l'évêque est assis – expression de son autorité de successeur des Apôtres, dans la position du Christ enseignant – l'ordinand vient se placer à genoux devant lui et place ses mains jointes entre les siennes. L'évêque lui demande alors :

> –Voulez-vous vivre en communion avec moi et mes successeurs, dans le respect et l'obéissance ?
>
> –Je le promets.

1. Saint Jean-Paul II, *Pastores dabo vobis* 23, 1992.

Ce geste d'allégeance et cette promesse m'ont engagé à vivre en *communion* avec Mgr Garnier qui m'a ordonné diacre puis prêtre, et avec ses successeurs, « dans le respect et l'obéissance ». S'il ne s'agit pas du *vœu* religieux d'obéissance, acte de culte *voué* à Dieu lui-même, cette promesse de communion dans l'obéissance n'est pour autant ni formelle, ni superficielle. Comme prêtres diocésains, elle nous décentre : nous nous en « remettons » à l'évêque, et par lui au Christ Tête de l'Église, pour la suite de notre vie. Pour la mission qui occupera notre cœur et nos journées, qui déterminera notre lieu de vie et notre environnement quotidien, ceux *pour* qui et *avec* qui nous partagerons notre ministère sacerdotal au long des jours et des années. En bref, les prêtres n'ont pas de « carrière » au sens habituel du terme, mais ils s'engagent dans un ministère, un service ecclésial, qui repose sur une consécration sacramentelle. Ils ne pilotent pas eux-mêmes leur trajectoire « professionnelle » et, s'ils aspirent légitimement à pouvoir donner le meilleur d'eux-mêmes et de leurs talents, c'est d'un autre et par un autre qu'ils reçoivent leurs nominations successives pour telle ou telle responsabilité pastorale. Il ne s'agit pas pour autant d'une passivité infantilisante, car il est essentiel d'éclairer le discernement de l'évêque et de son conseil, en *« disant la vérité selon son cœur »* (Ps 14, 2). En n'hésitant pas non plus à proposer telle ou telle initiative ou perspective. Il ne s'agit donc pas de vivre la communion dans une obéissance servile, mais adulte et filiale, nourrie par des échanges vrais. Et il s'agit de se laisser *envoyer* – l'Apôtre étant lui-même étymologiquement et par nature un envoyé (cf. Jn 20, 21) –, d'accepter de ne pas avoir la décision ultime, le dernier mot, dans une remise de soi à renouveler régulièrement. À chaque messe chrismale notamment, où nous reformulons les engagements de notre ordination peu avant la Cène du Seigneur et le Vendredi saint, où Jésus se donne sans retour : « *Que soit faite non pas ma volonté, mais la tienne* » (Lc 22, 42).

> À l'intérieur de la communauté ecclésiale, la charité pastorale du prêtre demande et exige, d'une façon particulière et spécifique, qu'il soit en rapport personnel avec le presbyterium, *en dépendance de l'évêque et avec lui*, comme l'écrit explicitement le concile : « La charité pastorale exige des prêtres, s'ils ne veulent pas courir pour rien, un travail vécu en *communion permanente* avec les évêques et leurs autres frères dans le sacerdoce (*Presbyterorum Ordinis* 14)[1]. »

Être prêtre « à la manière des Apôtres[2] » n'est donc pas une aventure individuelle, mais fraternelle. Le jeune prêtre le sent bien, qui a vu défiler devant lui le *presbyterium*, l'ensemble des prêtres en mission dans le diocèse, qui lui ont imposé les mains à la suite de l'évêque. S'il en a surtout

---

1. *Ibid.*
2. Cf. Concile Vatican II, décret *Presbyterorum Ordinis*, 1965 et A. Manaranche, *Prêtres à la manière des Apôtres*, Paris, Centurion, 1967.

vu les chaussures à ce moment précis, il en a aussi senti les mains sur sa tête, avec la variété de leur toucher, de la franche poigne amicale à la pose délicate des mains d'artiste. Car le Seigneur appelle à la fois Matthieu le publicain, collaborant allègrement avec l'occupant romain et Simon le zélote, formé à manier le poignard contre le même occupant : pas franchement du même bord ces deux-là. Il appelle des extravertis et des introvertis, des grands comme des petits : à la diversité de l'humanité, qu'il veut tirer des eaux boueuses du mal, du péché et de la mort, Jésus envoie des hommes eux aussi divers. Si l'Église est *une* et *apostolique*, car fondée sur un seul Seigneur et sur ses Apôtres, elle n'est pas uniforme et monochrome : elle est *catholique*, *kata* (selon) *holos* (le tout). Comme le corps humain, il lui faut donc un bras droit et un bras gauche, une jambe gauche et une jambe droite, des mains et des poumons, tous reliés à un seul cœur et une seule tête, pour embrasser l'humanité entière, dans sa diversité de peuples, de langues et de cultures[1]. Ils ne sont donc pas tous habillés ni salués pareil, les prêtres catholiques : certains abbés auront les cheveux ébouriffés et d'autres pères seront bien peignés, d'autres encore n'auront plus de cheveux, mais tous ont été appelés par le même et unique Seigneur. Tous sont envoyés au service du même et unique corps de l'Église, pour que celui-ci serve l'avènement du

1. Cf. Jean-Marc Aveline, *Dieu a tant aimé le monde. Petite théologie de la mission*, Paris, Cerf, 2023, p. 119-141.

Royaume dans le monde en lui apportant l'Évangile, en actes et en paroles : passionnant don et défi de la fraternité sacramentelle du *presbyterium* ! Comme le disait en son temps le sous-titre accrocheur d'un film à grand spectacle : « Mieux qu'un job, c'est une aventure ! »

On comprend d'autant mieux la conviction de Pierre Goursat, déjà évoquée : « Il ne faut pas que les prêtres soient seuls », car leur vocation n'est pas solitaire. Déjà qu'un « chrétien isolé est un chrétien en danger », *a fortiori* est-il malheureux qu'un prêtre se retrouve isolé, vocation d'ermite mise à part peut-être. Jésus n'a-t-il pas d'ailleurs initié ses apôtres à la mission en les envoyant deux par deux ? (cf. Lc 10, 1). Il y a là un enjeu à ne pas négliger, alors même que la vie fraternelle concrète des prêtres dans la vie quotidienne, aux plans de l'habitat, de la prière partagée et des repas, court le risque d'être considérée comme seconde au vu des urgences du maillage territorial des paroisses. Le sujet n'est pas seulement celui de leur équilibre humain et spirituel, ce qui n'est déjà pas négligeable en soi, mais aussi le bien du peuple de Dieu lui-même : un prêtre ne saurait en effet annoncer l'Évangile à lui seul. Ne faut-il pas déjà *quatre* évangélistes pour nous transmettre dans les saintes Écritures le mystère d'un seul Seigneur ? Une communauté chrétienne, tout comme chaque disciple que nous sommes, a besoin de différentes figures sacerdotales et aussi de différents témoins d'autres états de vie pour se construire et entrer plus avant dans le mystère du Christ, en vivre et pouvoir l'annoncer à son tour, selon sa propre vocation. Un curé n'est pas un gourou, ni les paroissiens des adeptes.

Les Apôtres ont été envoyés par le Ressuscité pour être ses témoins, *« à Jérusalem, en Judée, en Samarie et jusqu'aux extrémités de la terre »* (Ac 1, 8). Le ministère des prêtres, tout comme la mission de l'Église, est donc ordonné à toute l'humanité, « jusqu'aux extrémités de la terre » et jusqu'aux « périphéries existentielles ». Même s'ils sont liés par leur « incardination »[1] à un diocèse, son évêque, son presbyterium, c'est-à-dire à une Église particulière, avec son peuple, son terroir et son histoire, ils ne sont pas cantonnés aux limites géographiques de celui-ci. Collaborateurs de l'ordre épiscopal, les prêtres sont associés à la sollicitude de leur évêque pour « toutes les Églises » et peuvent ainsi être appelés et envoyés servir, pour un temps, dans un autre diocèse que le leur[2]. Et quand ils y demeurent tout au long d'une vie donnée à l'Église en ce lieu, ils portent eux aussi l'universalité de sa mission par leur fidélité à leur ministère pastoral.

1. Lien canonique entre un clerc et le diocèse, l'institut (religieux ou séculier), la société ou l'association cléricale auquel il appartient et de l'autorité ecclésiale duquel il dépend pour son ministère et sa subsistance. Cf. canon 265.

2. Le pape Pie XII avait encouragé cette mobilité missionnaire avec l'encyclique *Fidei Donum* en 1957. À la suite du concile Vatican II, le Code de droit canonique de 1983 l'a intégrée et élargie, notamment dans le canon 271.

Le don spirituel que les prêtres ont reçu à l'ordination les prépare, non pas à une mission limitée et restreinte, mais à une mission de salut d'ampleur universelle, «jusqu'aux extrémités de la terre» (Ac 1, 8); n'importe quelle forme de ministère sacerdotal participe, en effet, aux dimensions universelles de la mission confiée par le Christ aux Apôtres. Le sacerdoce du Christ, auquel les prêtres participent réellement, ne peut manquer d'être tourné vers tous les peuples et tous les temps, sans aucune limitation de race, de nation ou d'époque, comme le préfigure déjà mystérieusement le personnage de Melchisédech. Les prêtres se souviendront donc qu'ils doivent avoir au cœur le souci de toutes les Églises[1].

5. L'ONCTION AVANT LA FONCTION

Le « don spirituel reçu à l'ordination », évoqué ci-dessus, est une *onction* de l'Esprit Saint, en réponse à la prière d'ordination, déjà citée. L'évêque la prononce après avoir imposé ses mains sur la tête des ordinands, suivi pour ce geste par tous les prêtres présents. Au terme de ce rite solennel, il prie en disant:

Père tout-puissant, donne à Tes serviteurs que voici d'entrer dans l'ordre des prêtres; *répands une nouvelle fois au plus profond d'eux-mêmes l'Esprit de*

1. Concile Vatican II, décret *Presbyterorum Ordinis* 10, 1965.

> *sainteté* ; qu'ils reçoivent de Toi, Seigneur, la charge de seconder l'ordre épiscopal ; qu'ils incitent à la pureté des mœurs par l'exemple de leur conduite. Qu'ils soient de vrais collaborateurs des évêques pour que le message de l'Évangile, par leur prédication et avec la grâce de l'Esprit Saint, porte du fruit dans les cœurs et parvienne jusqu'aux extrémités de la Terre[1].

À l'occasion de sa première messe chrismale comme évêque de Rome et successeur de Pierre, peu après son élection en mars 2013, le pape François prononça une homélie sur ce thème de l'*onction* :

> L'onction, chers frères, n'est pas destinée à nous parfumer nous-mêmes, ni davantage pour que nous la conservions dans un vase, parce que l'huile deviendrait rance et le cœur amer. On reconnaît un bon prêtre à sa façon d'oindre son peuple ; c'est une preuve claire. Quand nos fidèles reçoivent une huile de joie, on s'en rend compte : lorsqu'ils sortent de la messe, par exemple, avec le visage de ceux qui ont reçu une bonne nouvelle. Nos fidèles apprécient l'Évangile annoncé avec l'onction, lorsque l'Évangile que nous prêchons, arrive jusqu'à sa vie quotidienne, lorsqu'il touche comme l'huile d'Aaron[2] aux extrémités de la réalité, lorsqu'il illumine les situations limites, les « périphéries » où le peuple fidèle est exposé à l'invasion de ceux qui veulent

1. *Rituel romain des ordinations.*

2. Cf. Ps 133, 2 (psaume de la messe chrismale).

> saccager sa foi. Les fidèles nous en remercient parce qu'ils ressentent que nous avons prié avec les réalités de leur vie quotidienne, leurs peines et leurs joies, leurs peurs et leurs espérances. Et lorsqu'ils ressentent que le parfum de l'Oint, du Christ, arrive à travers nous, ils sont encouragés à nous confier ce qu'ils veulent faire arriver jusqu'au Seigneur : « Priez pour moi, père, car j'ai tel problème… » ; « Bénissez-moi, père » et « Priez pour moi », sont le signe de ce que l'onction est parvenue jusqu'à l'extrémité du manteau car elle est transformée en demande, demande du Peuple de Dieu. Lorsque nous sommes dans ce rapport avec Dieu et avec son peuple et que la grâce passe à travers nous, alors nous sommes prêtres, médiateurs entre Dieu et les hommes.

Un peu plus loin, il terminera son propos en affirmant que « seule compte l'*onction* – et non la *fonction* », pour que les prêtres témoignent dans le monde actuel de la grâce qu'ils ont reçue « pour oindre le peuple des fidèles de Dieu dont ils sont les serviteurs ». Le message est clair : la place des prêtres dans l'Église aujourd'hui ne relève pas d'un statut ou d'une fonction, mais de l'onction du sacrement reçu pour le bien du peuple de Dieu et de sa mission dans le monde. Onction à partager, à répandre. Huile de consolation et de joie. Huile de communion, à verser sans se lasser aux articulations du corps ecclésial pour qu'elles ne se bloquent pas, mais permettent au corps tout entier de répondre avec souplesse et vigueur aux impulsions de l'Esprit Saint. Le sacerdoce ministériel n'est donc pas d'abord fonctionnel mais bien sacramentel. Au risque toujours présent de « fonctionner », voire de se « fonctionnariser », le Saint-Père nous exhorte à nous laisser « oindre », en accueillant toujours plus profondément et concrètement la grâce de notre ordination, ordonnée à l'annonce de l'Évangile et à la sanctification de nos frères et sœurs dans la foi.

Or, *« ce trésor, nous le portons comme dans des vases d'argile; ainsi, on voit bien que cette puissance extraordinaire appartient à Dieu et ne vient pas de nous »* (2 Co 7, 9). « La grâce ne supprime pas la nature, mais la perfectionne » écrivait quant à lui saint Thomas d'Aquin[1]. L'argile de l'humanité et le trésor du sacerdoce s'entremêlent donc dans la personne et la vie des prêtres. Il est important de les distinguer, sans pour autant les séparer, car il y a là comme un prolongement du mystère de l'Incarnation et de la médiation de l'unique grand-prêtre, qui nous ouvre le chemin du Ciel par sa venue sur la terre. L'humanité des prêtres est donc appelée à constituer un pont vers le Christ et son royaume. Ce n'est pas en effet à des anges que le Seigneur partage son sacerdoce ! Ce qui implique que notre nature d'homme doit se laisser « perfectionner » par la grâce donnée avec le sacrement de l'ordre en même temps que le « caractère » qu'il imprime définitivement en nous[2]. L'ordination est un commencement. En ce sens, je n'aurai jamais fini

1. *Somme théologique* Ia-IIae 94, 2.

2. *Catéchisme de l'Église catholique*, n° 1581-1589.

ici-bas de devenir prêtre ! Et ce qui nous permet de le devenir, avec la prière et l'Eucharistie, c'est la vie pastorale, le service du « peuple fidèle de Dieu », la rencontre simple des gens, de tous âges et de tous milieux, dans leurs joies, leurs peines, leur quotidien, leur soif spirituelle et aussi leurs indifférences, leurs révoltes ou leur ouverture à la Parole de Dieu et à sa grâce. En ce sens, c'est « l'Église-mère » qui enfante les prêtres et les forme, en leur donnant d'en intégrer toujours mieux le sens et la réalité ou encore « l'Église-épouse » qui est cette *ezer*, cette « aide » salutaire donnée par Dieu au service de son projet de vie éternelle, qui leur permet d'avancer patiemment sur les chemins de la paternité spirituelle dans un dialogue fécond. « Souvenez-vous que vous êtes des produits semi-finis », nous disait ainsi avec humour le père supérieur du séminaire à quelques jours de l'ordination sacerdotale. Il apparaît dès lors combien la formation continue ne saurait être optionnelle ! « Unique, intégrale, communautaire et missionnaire », telles sont les quatre « notes » de la formation des prêtres telle que la décrit la *Ratio fundamentalis* de 2016, la « règle fondamentale » régissant le parcours de formation initiale et continue. De l'entrée en étape « propédeutique » pour discerner une éventuelle demande d'entrée au séminaire, à la fin de son pèlerinage terrestre, la formation d'un prêtre est le chemin de toute une vie, sur lequel il ne cesse d'être appelé à grandir dans toutes les dimensions de son être : humaine, spirituelle, intellectuelle et pastorale.

Comme tout un chacun, les prêtres connaissent les étapes de l'âge et du vieillissement. Si le sacerdoce du Christ ne passe pas, y participer ne prémunit pas contre les assauts du temps ! À l'instar de nos frères et sœurs engagés dans un autre état de vie, nous sommes confrontés au défi de la durée et des différents seuils d'une vie d'homme. Celui du « milieu de vie » en fait partie, avec ses remises en cause possibles, son « démon de midi », déjà bien décrit par les Pères du désert[1]. Les tentations du compromis, des compensations ou du découragement peuvent alors trouver un terrain favorable, comme le décrit bien le pape François dans l'homélie de la messe chrismale, 2023 cette fois-ci. Cette étape peut cependant représenter un véritable *kairos*, un « temps favorable », pour accueillir plus profondément encore l'onction de l'ordination et en être renouvelé pour une nouvelle étape, décisive, de la vie sacerdotale :

> C'est le temps, pour nous comme pour les Apôtres, d'une « *seconde onction* », temps d'un *second appel* que nous devons écouter pour la seconde onction, celle où nous accueillons l'Esprit, non pas à partir de l'enthousiasme de nos rêves, mais à partir de la fragilité de notre réalité. C'est une onction qui fait la vérité en profondeur, qui permet à l'Esprit d'oindre nos faiblesses,

1. Cf. J.-C. Nault, *Le Démon de midi. L'acédie, mal obscur de notre temps*, Paris, L'échelle de Jacob, 2013. En particulier, « L'acédie dans la vie sacerdotale », p. 127-134.

nos travaux, nos pauvretés intérieures. Alors l'onction embaume à nouveau : de son parfum et non du nôtre[1].

C'est une très bonne nouvelle : l'onction que le Christ Jésus veut répandre en nous pour le service de son Église n'est jamais épuisée ! « La première fidélité demandée à un prêtre est de continuer de croire à son propre mystère[2]. »

◆ ◆ ◆

L'ALTÉRITÉ VOULUE PAR DIEU

Faustine Carron

Jacques a ajouté au titre de cette partie un point d'interrogation, pour signifier combien la notion de « mise à part » ne va pas de soi et peut être source de confusion. Il en a ensuite expliqué le véritable sens de manière profonde et claire.

Je voudrais quant à moi vous parler à mon humble place, dans cette mise à part, de la relation homme/femme que vit le prêtre tout au long de son ministère.

Les alliances que Dieu à initiées rendent compte de qui il est, mais sont aussi là pour qu'une grande fécondité puisse en découler. L'altérité des autres et du Tout Autre

1. Pape François, homélie de la messe chrismale 2023. Cf. R. Voillaume, Le « second appel » ou le choix décisif entre Jésus et le monde, 1957.
2. Saint Jean-Paul II, au Gabon le 17 février 1983.

est un processus qui nous décentre et donc demande effort et courage, mais c'est à ce prix que nous nous trouvons nous-mêmes et que nous trouvons nos vraies joies. Au commencement, Dieu vit que la création de l'Homme, homme et femme, était bonne, et même très bonne. Voilà la contemplation d'un Dieu créateur devant son œuvre! Cette altérité est voulue, choisie par lui, elle nous est nécessaire.

Le premier péché, qui se répercute sur nous par héritage, rompt la confiance immédiate voulue par Dieu entre l'humanité et lui, rompt cette confiance évidente entre l'homme et la femme, avec pour conséquences la suspicion et la jalousie, et pour terminer rompt l'harmonie entre les êtres humains et la nature, avec pour conséquence l'émergence d'une insatiable volonté de puissance.

L'altérité peut faire violence. Parfois notre premier élan, le plus simple et le plus spontané, est d'aller vers celui qui nous ressemble, qui est comme nous. Mais c'est un mirage, qui, on le sait, peut conduire jusqu'au narcissisme.

Ce n'est pas confortable de se laisser creuser par l'altérité, par cet autre qui n'est pas comme moi, qui sera éternellement pour moi un mystère.

L'altérité a toujours deux faces: un côté lumineux, qui éveille à la curiosité, à l'émerveillement, à la nouveauté et qui parfois nous aide à nous révéler nous-même ; mais également une face plus sombre, car elle déplace nos certitudes, est souvent source d'incompréhension et nous oblige à ne plus maîtriser.

Mais la relation homme-femme, cette altérité voulue par le Créateur, est bonne, fondamentalement bonne. Dans la nouvelle alliance, ceux qui renoncent à ce dessein bon de Dieu dans le sacerdoce, en vue de se donner à tous comme le Christ, ne renoncent pas à l'altérité nécessaire avec la femme. Et j'ajouterais que, si cette altérité n'est pas reconnue, aimée et vécue, je donne peu cher des futures relations d'un prêtre avec les femmes dans la mission.

Le risque vient parfois du prêtre lui-même : mauvais placement de sa part, manque d'« alignement » ou de cohérence (qui se traduit par un décalage entre action, ressentis, paroles et actes), peur qui finira par le mettre en position haute ou en position basse, autoritarisme ou cléricalisme.

Le risque vient aussi pour nous laïcs de ne pas savoir comment nous positionner de manière juste dans notre rapport aux prêtres.

Lorsque Dieu parle à l'homme de sa mission, il lui dit : « *Tu quitteras ton père et ta mère.* » Cette phrase se situe avant la faille du péché originel. Il est bon que l'Homme quitte son père et sa mère, et c'est même une nécessité pour qu'il se trouve lui-même. Évidemment cette nécessité vaut pour toutes les vocations, et c'est une très bonne chose. Et elle est à comprendre en vis-à-vis du commandement d'honorer son père et sa mère. Cela ne se fait pas sans ajustements progressifs, toujours en vue d'un amour plus libre.

On le comprend aisément pour la vocation du mariage, mais c'est une nécessité aussi pour les prêtres, pour la vie consacrée. Quitter son père ou sa mère pour mieux se donner à tous, pour se rendre disponible.

Il y a de nombreuses années maintenant, j'ai travaillé pour mes étudiants les textes de la grande conférence des Nations unies de Pékin de 1995 sur la femme. Et je suis tombée par hasard sur la lettre de Jean-Paul II aux prêtres le Jeudi saint de la même année, parlant de l'importance de la femme dans la vie du prêtre. Il y aborde la figure particulière de la mère et y intègre particulièrement la figure de Marie comme Mère de Jésus.

Il y parle aussi de la figure de la sœur. Et j'aimerais approfondir un peu plus ce rapport qui me semble essentiel aujourd'hui.

Si les prêtres n'ont pas tous des sœurs de chair, tous ont eu des expériences de mixité qui les ont fait expérimenter l'altérité dont nous avons parlé plus haut.

Je trouve cette réalité très belle pour parler du rapport du prêtre avec les femmes, mais aussi des femmes avec le prêtre. La sœur marque à la fois la proximité de la relation, mais elle révèle aussi un rapport intangible. Le fait de se considérer comme frères et sœurs garde les prêtres comme les femmes d'entrer dans une relation d'exclusivité – comme ça peut être le cas dans l'amitié, avec mon ou ma « meilleure amie » – voire une intimité trop grande.

De cette relation fraternelle découle une pudeur et une chasteté naturelles aussi bien dans le regard, les gestes, les mots et l'attitude. Je l'ai vérifié de nombreuses fois en travaillant très régulièrement avec des prêtres, cela ne laisse aucune ambiguïté et ne m'empêche jamais de reconnaître la paternité du prêtre. Cela demande de n'envoyer aucun signal d'une autre posture. En même temps les liens fraternels sont profonds, et permettent de ne pas entrer dans une certaine séduction qui immédiatement ferait basculer la relation dans un autre ordre. Le lien fraternel permet aussi de pouvoir parler en vérité, sans peur, quand cela nous semble nécessaire tout en gardant un juste positionnement.

> Ainsi, la condition de mère et celle de sœur sont les deux dimensions fondamentales du rapport entre la femme et le prêtre. Si ce rapport est établi de manière sereine et responsable, la femme n'éprouvera aucune difficulté particulière dans ses relations avec le prêtre. Elle n'en trouvera pas, par exemple, pour confesser ses fautes dans le sacrement de pénitence. Elle en rencontrera encore moins quand elle entreprendra des activités apostoliques d'ordres divers avec les

prêtres. Tout prêtre a donc la grande responsabilité de développer en lui-même une authentique attitude de frère à l'égard de la femme, une attitude qui n'admette pas d'ambiguïté. Dans cette perspective, l'Apôtre Paul recommande à son disciple Timothée de traiter « les femmes âgées comme des mères et les jeunes comme des sœurs, en toute pureté » (1Tm 5,2)[1].

UNE PRUDENCE RÉGULATRICE

Bertrand Carron

De nature spontanée et curieuse, j'aime toutes les nouvelles rencontres, j'ai tendance à m'engager vite et facilement dans la relation. L'autre n'est-il pas une merveille, un mystère, une oreille, une ressource aussi parfois ?

Faustine est entrée dans ma vie de collégien à l'adolescence. Toutes les fins d'après-midi, nous avions trente minutes de marche ensemble pour rejoindre la bibliothèque et attendre la fin du travail de sa mère et moi pour continuer seul vers la maison. Pour être honnête, souvent je traînais aussi avec elle à la bibliothèque… mais pas pour les bouquins. Faustine, elle, ne fonctionnait pas comme moi… Si sa nature ouverte faisait qu'elle était facilement entourée, déjà elle analysait les situations, elle cherchait

1. Jean-Paul II, *Lettre aux prêtres à l'occasion du Jeudi saint*, 1995.

à comprendre, elle interrogeait la justesse des rapports humains. Voilà qui allait me bousculer et me réguler, jusqu'à aujourd'hui encore, dans ma façon d'être avec les autres… La raison s'était invitée chez moi là où les sentiments régnaient en maîtres. Plus tard, j'ai découvert que cela provoquait en moi une tension, mais une tension vertueuse. Mon cœur extraverti était désormais équilibré par la raison. Et d'ailleurs cela allait dans les deux sens, car le cœur parfois réussissait à équilibrer à son tour le trop raisonnable: *« Amour et vérité se rencontrent »* (Ps 84). En acceptant cette tension, la prudence s'est invitée chez moi comme un magnifique régulateur. Ça travaille encore… rien n'est acquis, mais je progresse.

Comme l'a décrit Jacques, pour les prêtres « avec » ne veut pas dire « comme », et Faustine a souligné que l'altérité, la reconnaissance de l'autre et de sa différence ne laisse pas indifférent. La raison, le discernement, le recul parfois doivent s'installer dans la relation pour éviter qu'elle soit guidée uniquement par les sentiments. « Oh tu vois le mal partout », pourrait-on me reprocher ! Mais non, la raison vient nous aider à aimer de façon adaptée, c'est-à-dire avec la justesse de la charité. Les personnes prudentes sont celles qui sont capables d'analyser, de discerner et d'agir.

Le prêtre, par son choix de vie, sa vocation singulière, est un mystère. Là où les hommes sont souvent reconnus par le monde par leur nombre d'enfants, de conquêtes, leur argent, leur influence, lui choisit le jour de son ordination de renoncer librement à cela pour mieux se donner à son sacerdoce. Il choisit de devenir « seulement » dévoué aux chercheurs de Dieu et il renonce au reste. Ça interpelle, non ?

Nous avons été témoins, comme d'autres, de situations dévastatrices causées par un manque de prudence chez nos amis prêtres, ou de la part de laïcs vis-à-vis des prêtres. Nous avons compris également que certains pas de côté, certaines mises à part observées chez des prêtres, pouvaient être jugés comme une attitude méprisante par les laïcs.

Être prudent dans une relation interpersonnelle signifie régler sa conduite pour éviter de se mettre soi-même en danger ou de mettre l'autre en danger. Ce n'est pas la même chose que la méfiance, qui implique automatiquement de penser que l'autre va me causer du tort. La méfiance est une absence de confiance, alors que la prudence suppose la confiance. La prudence peut également nous aider à éviter d'être trop naïfs ou faciles à manipuler.

Grâce à cette vertu, une phase d'analyse permet de définir un cadre choisi librement, un cadre qui permet de rentrer en relation dans des conditions adaptées à l'autre. La prudence n'altère pas les sentiments, elle les purifie. Comme cette phase nécessaire d'analyse n'est pas naturelle, chez moi, je m'y force en prenant un temps de pause au lieu d'avancer tête baissée dans la confidence par exemple. Parfois, on peut avoir besoin d'un tiers de confiance pour prendre le temps de l'analyse en vue d'un ajustement ou d'un retrait salvateur. Quand je parle à Faustine d'une difficulté relationnelle que je vis, elle m'interroge souvent sur la justesse des attentes que j'ai vis-à-vis de cette personne, ça m'énerve… mais ça me fait réfléchir, ne le lui dites pas.

Les fonctions du prêtre le mettent souvent dans une position d'écoute, de sympathie et de serviabilité. En écoutant des hommes et des femmes se confier à lui, il développe généralement une expérience riche et un jugement affûté sur de nombreuses situations. En tout cas, il est souvent consulté pour cela. Je suis toujours étonné quand je me confesse à l'abbaye de Solesmes, non loin de notre maison, d'entendre en retour l'un ou l'autre conseil tellement connecté à la vie. Ces moines ne passent-ils pas leurs journées, enfermés, loin du monde ? À force d'écoute, de méditation et de prière, ils deviennent experts en humanité.

Cette posture des prêtres subjugue certains chrétiens pratiquants et souvent on aimerait être encore plus proches d'eux. On aimerait que ce prêtre devienne un peu plus « notre » prêtre ou le prêtre « de la famille ». On voudrait qu'il nous remarque davantage, on aimerait le connaître plus profondément et que lui aussi nous connaisse. On oublie parfois que derrière le prêtre il y a un bonhomme… qui a son tour peut être fasciné par ce que nous sommes, vous savez, l'altérité. L'attrait de la beauté, de la délicatesse, de l'argent, de la réussite, du pouvoir, de la vulnérabilité, voire la séduction risque de s'installer dans la relation. Je me suis laissé pour ma part surprendre à me vanter de telle ou telle proximité que nous avions en famille avec l'un ou l'autre prêtre, un peu comme un trophée.

Dans la relation prêtres-laïcs la prudence peut se vivre paisiblement : considérer un prêtre comme « à part », du moins dans une certaine mesure, n'implique pas de l'exclure de nos fêtes, de nos vacances, de nos tables dominicales, de nos moments amicaux et fraternels. Au contraire ! Mais le respect de son engagement vocationnel implique des ajustements dans nos manières d'être ensemble. Il serait malvenu de faire ici une liste des choses à faire et à ne pas faire en présence d'un prêtre. Certaines sont claires, d'autres plus insidieuses. Chacun peut cependant visiter ses relations avec les prêtres qu'il connaît (ou avec les laïcs, s'il est prêtre) : fréquence des rencontres hors travail commun, exclusivité de telle ou telle relation, solidité du couple ou du célibataire qui peut trouver un confident privilégié, lieux où l'on se voit, gestes posés, types d'activités que nous faisons et bien d'autres domaines encore. Un discernement est à poser. Vivons-le sereinement et simplement, mais sachons prendre parfois le temps de questionner et d'ajuster les choses.

Bien qu'il soit crucial de respecter les prêtres, le respect du sacerdoce ne doit pas se muer en idolâtrie. C'est lorsqu'ils deviennent, au nom du Christ, des dons pour les autres, que leur vocation se réalise pleinement. Et pour se donner à tous ils doivent paradoxalement ne pas se dissoudre, se confondre, mais rester solides. Ils ne sont pas « à part » pour s'isoler ou fuir le monde, mais pour, au contraire, dans la prudence et la persévérance, mieux se donner à chacun « à part entière ». Il me semble que nous, laïcs, avons le devoir d'être les gardiens subtils, humbles, discrets, miséricordieux de cet appel qu'ils ont reçu à être prêtres de cette communion fraternelle. Ils sont un peu « à part », mais ensemble nous nous complétons pour former le corps unique, celui du Christ lui-même.

IV
ENSEMBLE

« Tous, d'un même cœur,
étaient assidus à la prière avec quelques femmes,
dont Marie, mère de Jésus, et avec ses frères. »
Ac 1, 4

1. LA BEAUTÉ D'UNE COMMUNAUTÉ

Notre baptême et notre confirmation nous « consacrent pour être une demeure spirituelle et un sacerdoce saint[1] ». Ils ne nous retirent pas du monde dans lequel nous vivons, mais au contraire nous y envoient comme témoins du Christ, *ensemble*. De même, comme nous l'avons vu, l'ordination des prêtres les met *à part* pour leur service spécifique, mais ne les retire pas de la communauté chrétienne : elle les place résolument en son sein et à son service *pour* qu'elle puisse exercer le sacerdoce royal du Christ, « dans le monde, sans être du monde[2] ».

1. Concile Vatican II, constitution *Lumen Gentium* 10, 1964.
2. Cf. Jn 17.

> Ils sont appelés « sacerdoce royal » pour qu'ils se souviennent d'espérer le royaume éternel et d'offrir sans cesse à Dieu le sacrifice d'une vie sans tache[1].

Au sujet de notre monde contemporain, une étude de l'Insee[2], réalisée en 2019-2020, rapporte que 51 % des Français se déclarent sans affiliation religieuse et que 29 % se déclarent catholiques parmi les 18-59 ans. En 1943, les abbés Godin et Daniel défrayaient la chronique en publiant *France, pays de mission ?* Leur intuition était juste : quatre-vingts ans plus tard le point d'interrogation n'a vraiment plus lieu d'être. Comme dans les Actes des Apôtres, se pose alors la question : *« Frères, que devons-nous faire ? »* (Ac 2, 37). Se résigner devant ce que certains appellent le « sens de l'histoire » et s'incliner devant un pseudo-déterminisme historique ? Ou bien, tout en prenant acte de la réalité avec lucidité, poursuivre librement l'aventure initiée au matin de la Pentecôte à Jérusalem ? Il se trouve que l'aventure de la mission confiée par Jésus à son Église n'est pas terminée ! En pèlerinage à Rome en 1995 comme séminariste, j'avais été marqué par la catéchèse du pape Jean-Paul II lors de l'audience du mercredi, où il affirmait paisiblement que l'évangélisation du monde n'en était qu'à ses débuts ! Le

1. Saint Bède le Vénérable, *Commentaire sur la Première épître de Pierre.*

2. « Trajectoires et origines 2 » (TeO 2) : enquête sur la diversité des populations en France. Cf. site de l'Insee.

contexte actuel[1] m'apparaît donc à la fois décapant et stimulant : on peut certes le voir sous un angle négatif, en déplorant l'effondrement numérique et regretter « ce qui n'est plus comme avant ». Mais on peut aussi le voir dans un regard de foi – et donc d'espérance[2] – en discernant les appels de l'Esprit Saint dans les opportunités nouvelles d'annonce de l'Évangile et les soifs qui s'expriment, comme le nombre croissant d'adultes très divers demandant le baptême, par exemple. *« Je vous envoie comme des brebis au milieu des loups »* (Mt 10, 16) : Jésus n'a jamais caché que le suivre ne serait pas sans risque ! Pour autant, il n'y a pas seulement des loups dans notre monde, mais beaucoup de « brebis perdues » ou « sans berger », qui cherchent et attendent une oreille attentive, un cœur sans jugement, une lumière sur leur chemin, une communauté accueillante et fraternelle : serons-nous pour elles le *« sel de la terre et la lumière du monde »* (cf. Mt 5, 13-14), l'auberge du bon Samaritain, les témoins du bon Berger ?

Lorsque j'ai rencontré la communauté de l'Emmanuel, j'ai été attiré par la joie et la fraternité de ses membres. J'étais déjà séminariste et je me suis laissé inviter au groupe de prière des jeunes dans la chapelle des Franciscains

---

1. Pour une mise en perspective historique éclairante, cf. C. Delsol, *La Fin de la chrétienté*, Paris, Cerf, 2022.

2. Benoît XVI, « La foi est la substance de l'espérance », encyclique *Spe Salvi* 10, 2007.

où il était accueilli, place Canclaux à Nantes. Je restais cependant en retrait, dans le fond de la chapelle. Si les chants de louange étaient beaux et entraînants, certaines manifestations « charismatiques » comme le « chant en langues », me semblaient étranges, voire suspectes pour un esprit un peu cartésien. Il se trouve que durant cette même période, nous étudions au séminaire certaines lettres de saint Paul, dont la Première aux Corinthiens, où l'Apôtre évoque différents charismes, dont le chant en langues, la *glossolalie* (cf. 1Co 12-14), et donne des repères à la jeune communauté chrétienne de Corinthe, notamment celui du primat de la charité sur tout autre don spirituel (cf. 1Co 13). Il y avait des similitudes avec ce qui se vivait dans le groupe de prière. Aussi, je retournais place Canclaux avec les séminaristes de l'Emmanuel qui m'y avaient invité, pour « observer » le phénomène, « à distance ». Mais voilà qu'un soir, j'y ai vécu une expérience à la fois simple et marquante de la présence de Dieu au cours d'un de ces chants « en langues », où chacun loue le Seigneur librement, sans paroles immédiatement intelligibles, comme des petits-enfants babillent en présence de leurs parents, dans l'amour et la confiance. Suite à cette expérience qui m'a quelque peu simplifié, en assouplissant l'axe tête – cœur, je suis allé à Paray-le-Monial l'été suivant, où j'ai pu vivre un parcours de préparation puis une prière de demande d'effusion de l'Esprit Saint, qui a constitué une étape décisive dans ma vie spirituelle. Elle m'a donné de goûter l'actualité de la grâce faite à l'Église naissante à la Pentecôte : l'Esprit Saint n'est pas un don abstrait ni la Pentecôte un événement du passé, mais – tout comme mon baptême et ma confirmation – c'est le Don que Dieu me fait aujourd'hui de lui-même, un don actuel, qui dilate le cœur, rend la foi plus lumineuse et confiante, l'attachement à l'Église plus évident et responsable. J'y ai à nouveau goûté combien le Seigneur me connaît personnellement, m'aime et me sauve. Et j'ai redécouvert aussi de façon beaucoup plus forte combien il est essentiel et précieux d'avoir des frères et des sœurs dans la foi pour avancer !

C'est précisément d'une rencontre fraternelle, le 13 février 1972, vécue après avoir demandé un don renouvelé de l'Esprit Saint, qu'a commencé ce qui allait devenir la communauté de l'Emmanuel. Martine Catta, qui en fut la protagoniste avec Pierre Goursat, raconte ce week-end vécu à l'initiative du père Caffarel à Troussures, dans l'Oise, réunissant une trentaine de personnes pour entendre le témoignage de Xavier et Brigitte Le Pichon sur leur découverte du Renouveau charismatique catholique aux États-Unis. Après avoir prié en demandant pour chacun un renouvellement de l'effusion de l'Esprit Saint, vint le moment de se séparer :

> Comme pour les apôtres à la Pentecôte, la première manifestation de cette prière d'effusion fut pour tous une joie fraternelle extraordinaire au point que ce soir-là, aimait à raconter Pierre, *on ne pouvait plus se quitter*. Le hall de la maison de Troussures, habituellement

> silencieux, résonnait de rires et de paroles joyeuses. C'est à ce moment, au milieu de ce groupe en joie, que, Pierre et moi, nous nous sommes reconnus frère et sœur dans l'Esprit Saint : expérience de communion dans un don de charité absolument gratuit, qui au-delà de tout concept, parole, réflexion, envahit tout l'être et le comble dans l'Amour de Dieu… En même temps nous percevions un appel à quelque chose que nous ignorions et en vue duquel le Seigneur nous mettait *à part, ensemble.* L'appel était si clair, si fort, d'une telle évidence, que rien ni personne, sinon nous-mêmes, n'aurait pu nous empêcher de nous y ouvrir et d'y répondre. Nous savions seulement qu'il nous fallait louer, prier et annoncer le Seigneur ; nous le savions dans le feu[1].

Pierre a alors 57 ans, Martine, 31. Il a quitté depuis peu ses fonctions à l'Office catholique du cinéma français, elle est interne en médecine. Deux générations, deux univers, mais un don commun de fraternité, qui va les amener à prier ensemble régulièrement, puis à en inviter d'autres et à donner naissance à un groupe de prière – qui devra se scinder en deux, faute de place dans la crypte de l'église Saint-Sulpice à Paris – puis à une communauté réunissant « des frères et des sœurs » bien différents les uns des autres, mais unis par une même foi et un même désir de répandre le feu de l'amour reçu gratuitement de l'Esprit

1. M. Catta, *Pierre Goursat. Paroles*, Paris, Emmanuel, 2016, p. 34.

Saint. « *Le cœur se refroidira, la charité se refroidira* », prophétise Jésus dans l'Évangile (Mt 24, 12), ce qui se vérifie à certains moments dans chacune de nos vies et aussi dans notre société contemporaine, marquée par un fort individualisme. Mais le feu couve sous la cendre : n'est-ce pas notre vocation de baptisés de le réveiller en nous laissant nous-mêmes d'abord « brûler » par le feu de la charité ? Nous avons tout lieu d'espérer : « *L'espérance ne déçoit pas, puisque l'amour de Dieu a été répandu dans nos cœurs par l'Esprit Saint qui nous a été donné* » (Rm 5, 5).

Pour qu'une bûche brûle bien, éclaire et réchauffe autour d'elle, mieux vaut qu'elle ne soit pas seule, mais avec d'autres : *ensemble*, elles rayonneront bien davantage. C'est la beauté d'une communauté. C'est la vocation de l'Église depuis la Pentecôte : le feu de l'Esprit Saint est donné aux apôtres « avec des femmes, avec Marie la mère de Jésus, et avec ses frères », non pas chacun chez eux, mais à tous les disciples réunis *ensemble*, au Cénacle (cf. Ac 1, 13-15 ; 2, 1-3). C'est donc aussi la vocation de nos paroisses, de nos communautés chrétiennes locales. Et si l'histoire de l'Église est traversée à différentes époques par l'émergence de nouvelles communautés[1], c'est d'abord parce que l'Église elle-même est une communauté de disciples de l'unique Maître et Seigneur :

1. Cf. J. Ratzinger, « Les Mouvements d'Église et leur lieu théologique », 1998.

> *La multitude de ceux qui étaient devenus croyants avait un seul cœur et une seule âme; et personne ne disait que ses biens lui appartenaient en propre, mais ils avaient tout* en commun. *C'est avec une grande puissance que les Apôtres rendaient témoignage de la résurrection du Seigneur Jésus, et une grâce abondante reposait sur eux tous.* (Ac 4, 32-33)

Depuis les communautés monastiques du premier millénaire jusqu'aux ordres mendiants franciscains et dominicains au tournant des XIIe et XIIIe siècles, ou encore à l'efflorescence de nouvelles congrégations religieuses au XIXe, en passant par les Jésuites et la réforme du Carmel au XVIe ou les Filles de la Charité au XVIIe, nombreuses sont les manifestations de cette vocation à une vie chrétienne partagée, *mise en commun* de différentes façons, pour mieux vivre et annoncer l'Évangile. Chacune de ces communautés – comme chacun des charismes qu'elles portent –, est bien sûr liée aux défis du temps et marquée par les opportunités et les limites de la culture, y compris ecclésiale, de son époque. La nouveauté de plusieurs communautés apparues dans le courant du XXe siècle, et notamment dans la dynamique du Renouveau charismatique[1], c'est de réunir

1. « Le Renouveau n'est pas un mouvement au sens sociologique commun, il n'a pas de fondateurs, il n'est pas homogène et il inclut une grande variété de réalités, c'est un courant de grâce, un souffle rénovateur de l'Esprit pour tous les membres de l'Église, laïcs, religieux, prêtres et évêques » *in* Pape François, *Discours aux membres du Renouveau charismatique*, 2015.

différents états de vie pour s'entraider sur le chemin de la vie chrétienne et porter des initiatives communes au service de la mission de l'Église. Tous, nous n'avons pas le même appel personnel bien sûr. Mais le baptême nous rend frères et sœurs de tous ceux qui, grâce au Seigneur Jésus et en lui, se reconnaissent fils et filles d'un même et unique Père : « *Vous donc, priez ainsi :* notre *Père* » (Mt 6, 9). Comme les diacres rappellent à toute l'Église son appel à servir à la suite du Serviteur, comme les consacrés rappellent à tous les baptisés les « conseils évangéliques » et leur mission de manifester la proximité du royaume de Dieu par toute leur vie, les diverses communautés rappellent que la vie chrétienne n'est pas une aventure solitaire, mais solidaire des autres « disciples-missionnaires », de qui j'ai à recevoir et à qui je peux aussi apporter :

> Une communauté n'est pas créée une fois pour toutes, elle continue de naître pour se déployer sur le fondement du charisme initial. Pierre Goursat affirmera : « On n'entre pas dans une communauté, on la crée. » Il insistera souvent sur le fait de se prêter *ensemble* à sa construction sous la conduite de l'Esprit Saint. Ce mot « ensemble » est pour Pierre significatif du don de Dieu[1].

1. M. Catta, *Pierre Goursat, op. cit.*, p. 74.

2. LA SOUMISSION FRATERNELLE

On ne peut pas reprocher à la Bible d'entretenir une vision idéaliste des relations fraternelles. Dès ses premières pages, le meurtre fratricide d'Abel commis par Caïn montre qu'en dehors de l'intimité divine du jardin originel, l'humanité, séduite par la voix fallacieuse du serpent (cf. Gn 3), est devenue fragile face au péché, toujours *« accroupi à sa porte »* (Gn 4, 7), et capable de voir en son propre frère un ennemi de son bonheur. Quant au Nouveau Testament, même si la présentation de la première communauté chrétienne à Jérusalem paraît idéale (cf. Ac 2, 42-47 ; Ac 4, 32-35), elle correspond cependant davantage à la vocation de l'Église et à l'horizon vers lequel nous sommes appelés à tendre, que vers une réalisation historique déjà pleinement accomplie. Preuve en est le sombre épisode d'Ananie et Saphire (cf. Ac 5, 1-11), qui relativise très vite le détachement et la charité vécus par les premiers disciples après la Pentecôte. Si l'Esprit Saint a été donné (cf. Ac 2, 1-11), la duplicité, le mensonge et l'hypocrisie n'ont pas encore complètement disparu. Et de telles attitudes mettent à mal la communion, en ouvrant une brèche mortifère au sein de la communauté des disciples du Ressuscité.

Ce qui était vrai hier l'est encore malheureusement aujourd'hui : ces dernières années nous ont montré combien l'élan et la générosité de nombreuses personnes engagées dans différentes formes de vie communautaire ont été tragiquement et douloureusement trahis et des libertés broyées. La confiance donnée a pu donner lieu à des processus d'emprise et à des abus de toutes sortes[1]. On est loin alors de l'invitation adressée par saint Paul aux Éphésiens : *« Par respect pour le Christ, soyez soumis les uns aux autres »* (Ep 5, 21). Il y a là pour toute communauté, *a fortiori* récente – et celle de l'Emmanuel n'y fait pas exception – un impératif de vigilance, de formation, de suivi des personnes victimes et des auteurs d'abus, dans une recherche constante de vérité et de justice, avec l'aide des compétences nécessaires, civiles et ecclésiales. Nous n'avons pas fini d'apprendre[2].

Il demeure cependant que la vie chrétienne ne peut pas être une trajectoire purement individuelle. La suite du Christ et la grâce baptismale nous intègrent dans une communauté de foi et de service. Toute communauté particulière, qu'il s'agisse d'une paroisse, d'une communauté religieuse ou d'une association de fidèles est constituée de pécheurs, d'hommes et de femmes riches de qualités et de talents, mais aussi de leurs limites et de leurs pauvretés, blessés par le péché. Tous, nous sommes confrontés au combat spirituel, comme le Carême nous le rappelle chaque année avec l'Évangile des tentations (cf. Mt 4, 1-11). Si la beauté d'une communauté est d'offrir

1. Cf. entre autres, C. Hoyeau, *La Trahison des pères*, Paris, Bayard, 2021.

2. Cf. notamment D. de Lassus, *Risques et dérives de la vie religieuse*, Paris, Cerf, 2020.

un chemin partagé pour s'entraider à vivre l'Évangile *« en actes et en vérité »* (1Jn 3,18), elle demeure fragile face à des relations fraternelles qui peuvent toujours être perverties par certains ou par des modes de fonctionnement mal posés. *Corruptio optimi pessima* disaient déjà les Latins : « La corruption du meilleur est ce qu'il y a de pire. » La période que nous vivons peut paraître décourageante. Pour être douloureux, d'abord pour les personnes victimes bien sûr, mais aussi pour tout chrétien et pour tout prêtre, qui portent un poids de déception, de soupçon et de défiance, ce moment constitue aussi un temps favorable pour grandir dans des relations communautaires et ecclésiales plus mûres et responsables. Car il ne faudrait pas « jeter le bébé avec l'eau du bain », et perdre de vue « la grâce des frères », le trésor que représente la communion qui nous est proposée dans le mystère de l'Église et aussi, pour ceux qui en discernent l'appel, la richesse d'une vie communautaire selon un charisme particulier, toujours ordonné au bien de l'Église entière.

Dans cette perspective, la « soumission fraternelle » ne signifie pas un renoncement à sa liberté et à la responsabilité personnelle de chacun. Il s'agit à l'inverse d'une aide mutuelle, d'un partage fraternel volontaire pour s'aider à avancer à la suite du Christ. « Les dérapages sont parfois insidieux. C'est pourquoi nous devons toujours veiller à la façon dont nous nous positionnons les uns vis-à-vis des autres », écrit Faustine un peu plus haut. « Il nous faut à présent nous garder les uns les autres » : voilà le sens de la « soumission fraternelle » évoquée par saint Paul. Non pas nous « garder » dans une attitude de méfiance et de surveillance tatillonne, mais dans une recherche de cohérence avec la vocation et l'engagement de vie de chacun. Ainsi, plus l'un d'entre nous est fidèle à sa vocation propre, plus les autres en bénéficient et vice-versa : *« Ainsi le corps se construit dans l'amour »* (Ep 4, 16).

Au service de la croissance des personnes et du corps communautaire, plusieurs moyens sont offerts, l'accompagnement spirituel notamment. Il constitue un moyen traditionnel dans l'Église pour avancer sur le chemin du disciple, dans l'unification de sa foi et de sa vie. Il est un lieu de relecture, de discernement et d'écoute de l'Esprit Saint, au travers d'un dialogue libre et confidentiel, dont l'accompagné est le protagoniste et l'accompagnateur, le serviteur. Qu'il soit vécu avec un prêtre ou avec un laïc, formés et eux-mêmes accompagnés, c'est toujours un frère ou une sœur dans la foi qui marche à nos côtés, à l'école du Ressuscité sur le chemin d'Emmaüs (cf. Lc 24, 13-35). Dans la communauté de l'Emmanuel, tout membre vit une forme d'accompagnement spécifique, sous le mode d'un compagnonnage fraternel : un homme est ainsi « accompagné » par un homme, une femme par une femme et un couple par un couple. Pour les séminaristes et les prêtres, cela s'ajoute à l'accompagnement spirituel « classique » par un prêtre, « père spirituel ». C'est ainsi qu'outre la célébration du sacrement de réconciliation et les échanges avec le prêtre qui m'accompagne spirituellement, je rencontre régulièrement l'un de mes frères de communauté, laïc marié et père de famille, pour échanger librement avec lui. Ce compagnonnage vise une intégration concrète et féconde dans ma vie personnelle de mon appel communautaire, avec ses repères comme la louange et le temps de prière personnelle au quotidien, ou la maisonnée hebdomadaire par exemple. Ces échanges constituent pour moi une belle opportunité pour faire un point d'étape et avancer dans une plus grande unité de vie, en bénéficiant de l'oreille attentive et du bon sens d'un frère, qui m'aide ainsi à éviter le reproche du prophète Ézéchiel aux mauvais bergers, qui *« s'accompagnent eux-mêmes »* (Ez 34, 8).

Un autre aspect décisif pour des relations ecclésiales à la fois fraternelles et mûres est celui du « circuit de la décision ». Comme prêtres, comment décidons-nous ? Nos décisions sont-elles toujours orientées vers le bien commun ? Les soumettons-nous à d'autres ? Comment articuler la responsabilité propre du pasteur et l'appel à avancer *ensemble* ? Un exemple éclairant est celui d'un de nos frères prêtres, curé d'un ensemble paroissial dans le monde rural, qui nous partageait son expérience. Les meilleures décisions qu'il avait prises, au vu du fruit qu'elles avaient porté par la suite, étaient celles qu'il avait soumises à son équipe et à l'avis d'autres personnes, quitte à ce que leurs remarques en modifient quelque peu la teneur ou les contours. À l'inverse, celles qu'il regrettait d'avoir prises, étaient souvent des décisions qu'il avait portées seul. Entendons-nous bien : il ne s'agit pas de dire que les prêtres – *a fortiori* les curés de paroisses – n'ont plus qu'à écouter, accompagner et surtout ne rien décider, sauf à en référer à toutes les instances paroissiales et diocésaines, avec validation et tampon en trois exemplaires. Ce serait une déresponsabilisation et un contresens. Nous l'avons vu, le *munus regendi*, la charge de « régir », de « gouverner » pour le bien du peuple de Dieu, est conféré au prêtre par le sacrement de l'ordre et la configuration au Christ Pasteur. Il a reçu une *responsabilité* pastorale, c'est-à-dire qu'il a à *répondre* à celui qui la lui confie. Il reste que nous avons toujours à « évangéliser » nos façons de gouverner et de décider. Une paroisse n'est pas une entreprise, mais une communauté, et même souvent une communauté de communautés, une communion missionnaire de disciples du Christ. Il s'agit donc de la conduire avec un cœur et une tête de pasteur, dans la foi, l'espérance et la charité. Pour autant, tout prêtres que nous sommes, l'ordination ne nous a pas donné toutes les compétences, tant s'en faut. Nous avons donc à apprendre et à recevoir, notamment d'autres milieux que du monde ecclésiastique. Ces dernières années, de nombreuses propositions de formation et de « coaching » ont vu le jour, avec l'aide et la générosité de chrétiens désireux de mettre leurs compétences professionnelles au service de la mission de l'Église et de ses pasteurs. J'en ai personnellement bénéficié il y a une dizaine d'années en suivant le parcours « Pasteurs selon mon Cœur », alors dispensé par les associations Talenthéo et Alpha France. J'y ai beaucoup appris. Sur moi-même d'abord. Sur mes préférences naturelles pour décider, pour collaborer, pour me ressourcer. Sur l'importance de mieux connaître les besoins et les attentes de ceux et celles avec qui je suis amené à travailler. Bien sûr les techniques managériales sont d'une autre nature que la charité pastorale, mais si « la grâce ne supprime pas la nature », alors il nous travailler notre nature d'homme . Force est de constater que c'est bien souvent « l'homme ancien », blessé et entravé pas son péché, plutôt que « l'homme nouveau » saisi par l'Esprit du Christ qui tient la barre de notre vie et influence nos décisions. Or l'enjeu, aujourd'hui plus que jamais, est d'apprendre l'art du discernement, en conjuguant « ressources humaines » et regard de foi :

> Former des prêtres, ce n'est pas simplement les « endoctriner » avec de la théologie ; c'est aussi les entraîner à *exercer un discernement* et donc à réfléchir avec l'instrument théologique qu'ils possèdent, ou qu'ils sont censés posséder, à réfléchir sur ce qui se passe, sur la vie que connaissent leurs fidèles et comment exercer leur ministère dans ce contexte[1].

1. A. Vingt-Trois, *La Joie du Seigneur est votre rempart !*, entretiens avec P. de Saint-Pierre, Paris, CLD, 2023, p. 31. Cf. aussi Pape François, *L'Art de discerner*, Paris, Emmanuel, 2023 (Catéchèses du mercredi, août 2022-janvier 2023) et F. Bert, *Le Discernement, à l'usage de ceux qui croient qu'être intelligent suffit pour décider*, Paris, Artège, 2023.

Pour connaître « la vie des fidèles », et plus largement celle des personnes du quartier, de la – ou des – communes du territoire de mission, rien de tel que les visites et les rencontres à domicile, les moments de joie et de peine partagés dans les familles, aux jours de fête comme aux jours de deuil. N'est-ce pas là aussi une juste attitude de « soumission fraternelle » que d'apprendre à se laisser accueillir, sans pour autant s'imposer ? Les repas sont nombreux et souvent décisifs dans les Évangiles : ils ne le sont pas moins dans la vie pastorale. Lieu de communion et d'échanges, la table constitue un espace précieux d'écoute, de découverte de la vie concrète et de l'histoire locale, d'apprentissage et de témoignages mutuels. Jeune vicaire sur la côte vendéenne, j'ai ainsi bénéficié de belles hospitalités dans le doyenné des Sables-d'Olonne. L'une d'entre elles a donné naissance à une amitié qui dure encore : un jeune couple a ainsi mis en pratique le conseil reçu du religieux qui les avait accompagnés durant leur préparation au mariage, les invitant à recevoir facilement chez eux les prêtres de leur paroisse. C'est ainsi que j'ai été rapidement accueilli chez Guillaume et Virginie, désireux non seulement d'envisager le baptême de leur premier enfant qui allait bientôt naître, mais aussi de me proposer au fil du temps un espace d'accueil simple et fraternel, pour lequel je les remercie encore aujourd'hui. J'y ai découvert le précieux point d'équilibre affectif que représentent les amitiés dans la vie des prêtres, comme on peut supposer que celles de Lazare, Marthe et Marie ont été précieuses pour Jésus lors de ses passages à Béthanie. J'y ai apprécié aussi la riche complémentarité des vocations pour la mission pastorale en paroisse, les sacrements de l'ordre et du mariage se conjuguant – en se renforçant – pour préparer les jeunes au sacrement de la confirmation ou encore pour imaginer et animer des journées à la fois joyeuses et évangélisatrices à destination des collégiens, pour ne citer que quelques exemples vécus *ensemble.*

3. RÉCIPROCITÉ ET CORESPONSABILITÉ

Nous en revenons ainsi au point de l'articulation des différentes vocations et de la place propre des prêtres dans l'Église. Notre parcours nous a déjà permis d'approfondir le sujet, mais nous pouvons encore le préciser, notamment sous l'angle des interactions entre les différents états de vie. En effet, si les prêtres sont ordonnés *pour* l'Église et sa mission de salut, nous voyons combien ils reçoivent aussi eux-mêmes *de* l'Église, des communautés auxquelles ils sont envoyés et dont ils font partie, autant spirituellement qu'humainement. Une anecdote historique est intéressante à ce sujet. La scène se passe en août 1903. Après l'intronisation du nouveau pape, qui a pris le nom de Pie X, celui-ci reçoit au Vatican la première visite de ses proches, venus avec sa mère. La *Signora* Sarto baise respectueusement le nouvel anneau pontifical de son fils Giuseppe, devenu évêque de Rome et successeur de Pierre… Puis, levant vers lui ses yeux malicieux, éclairant un visage aussi ridé que souriant de vieille paysanne italienne, elle lui déclare simplement, tout en montrant son alliance d'épouse : « Tu ne porterais pas cet anneau, si je n'avais pas d'abord porté celui-ci »… Bon sens d'une maman ! Et juste regard de foi chrétienne : toute vocation plonge en effet ses racines dans une famille. Et les familles ont une belle vocation : permettre à chacun de ses membres de découvrir et d'épanouir la sienne. Un « oui » peut ainsi en entraîner bien d'autres ! Les différentes vocations apparaissent dès lors complémentaires et nécessaires les unes aux autres, comme le père Caffarel l'avait bien compris en fondant les Équipes Notre-Dame dans le courant du XXe siècle. Il est d'ailleurs intéressant de relever que le *Catéchisme de l'Église catholique*, dans sa présentation des différents sacrements, relie les sacrements du mariage et de l'ordre en les désignant tous deux comme sacrements « du service de la *communion* » :

> 1534 Deux autres sacrements, l'Ordre et le Mariage, sont ordonnés au salut d'autrui. S'ils contribuent également au salut personnel, c'est à travers le service des autres qu'ils le font. Ils confèrent une mission particulière dans l'Église et servent à l'édification du peuple de Dieu.
>
> 1535 En ces sacrements, ceux qui ont été déjà *consacrés* par le Baptême et la Confirmation (cf. LG 10) pour le sacerdoce commun de tous les fidèles, peuvent recevoir des *consécrations* particulières. Ceux qui

> reçoivent le sacrement de l'Ordre sont *consacrés* pour être, au nom du Christ, « par la parole et la grâce de Dieu les pasteurs de l'Église » (LG 11). De leur côté, « les époux chrétiens, pour accomplir dignement les devoirs de leur état, sont fortifiés et comme *consacrés* par un sacrement spécial » (GS 48, 2).

Sans doute a-t-on moins l'habitude du vocabulaire de la consécration pour le mariage. La précision de la formulation – « Les époux chrétiens [...] sont *comme* consacrés » – maintient d'ailleurs une nuance, du fait que le mariage ne confère pas un « caractère », un sceau spirituel, à la différence du baptême et de sa confirmation, ainsi que l'ordre, qui ne sont pas réitérables. Or, le mariage peut l'être, dans le cas non enviable d'un veuvage. L'emploi du terme *consécration* par la constitution *Gaudium et Spes,* en parallèle du sacrement de l'ordre, manifeste cependant une proximité d'engagement entre les époux et les prêtres pour le service de la communion de l'Église et sa mission dans le monde. Une illustration de cette alliance missionnaire des vocations pastorale et conjugale se trouve dans le Nouveau Testament, au travers des belles figures de Priscille et Aquila[1], collaborant dans la mission avec l'apôtre Paul (cf. Ac 18, 2) à Corinthe puis à Éphèse. Intuition retrouvée ces dernières années par la dynamique « communion Priscille et Aquilas », placée sous leur patronage, qui rassemble et forme des couples

1. Cf. la catéchèse que leur a consacrée Benoît XVI, le 7 février 2007.

missionnaires pour aujourd'hui. C'est aussi ma joie dans la communauté de l'Emmanuel, de pouvoir servir la mission avec des époux et la force de leur témoignage du don d'eux-mêmes, dans le quotidien de leur vie conjugale et familiale, dans un amour sans cesse rechoisi et une vie livrée à l'autre, dans ses forces comme dans ses faiblesses. Ils m'invitent à demeurer moi-même dans une dynamique de don, en évitant l'égocentrisme vite advenu dans un quotidien de célibataire. À cet égard, j'ai beaucoup appris et reçu du couple avec lequel j'ai été en mission au sein d'un foyer d'étudiants à La Roche-sur-Yon. De les voir disponibles pour les étudiants, dans leurs petits tracas matériels comme dans leurs grandes questions existentielles, alors qu'eux-mêmes étaient déjà largement sollicités par leurs trois enfants en bas âge et les impératifs professionnels, je percevais mieux le confort de mes nuits continues, sans biberon, ni pleurs ou maux de ventre à toute heure… Le mariage est aussi un sacerdoce ! Qui rappelle au prêtre qu'il a lui aussi à se donner *comme* un époux et un père, décentré de lui-même : *« Il n'y a pas de plus grand amour que de donner sa vie pour ceux qu'on aime »* (Jn 15, 13).

Comme prêtres, nous n'avons donc pas le monopole des renoncements. Et nous aurions tort de nous situer en héros. Des célibataires qui peinent à fonder le foyer tant désiré, aux veuves et aux veufs amputés de la moitié d'eux-mêmes, des couples devant renoncer à accueillir un enfant de leur chair à ceux qui adoptent, en passant par les conjoints délaissés assumant seuls une charge éducative avec courage et discrétion, les héros du don de soi et de l'amour en actes sont en effet bien plus nombreux que ne le disent les gros titres de la presse ou les notifications des réseaux sociaux. La beauté de la communauté chrétienne consiste en sa vocation à rejoindre toutes les situations de vie pour y apporter la douce lumière du Sauveur. Lumière qui éclaire, réchauffe et ouvre un chemin de vie, fraternelle et éternelle. Et c'est donc *avec tous* que la mission de l'Église est à vivre, *ensemble*, pour rejoindre le plus grand nombre, dans toute sa diversité. Notons à ce propos une autre étymologie possible du mot « communion » : *cum-munus*, qui signifie « porter la charge *(munus)* ensemble *(cum)* ». C'est en ce sens que s'est exprimé le pape François, en 2023 :

> Vous êtes venus de vos pays pour réfléchir sur la coresponsabilité – *coresponsabilité* – des pasteurs et des fidèles laïcs dans l'Église. Le titre du Congrès parle d'un « appel » à « marcher ensemble », en plaçant le thème dans le contexte plus grand de la synodalité. En effet, la route que Dieu indique à l'Église est précisément celle de vivre plus intensément et plus concrètement la *communion* et la marche *ensemble*. Il l'invite à dépasser les manières d'agir en autonomie ou les voies parallèles qui ne se rencontrent jamais : le clergé séparé des laïcs, les consacrés séparés du clergé et des fidèles, la foi intellectuelle de certaines élites séparée de la foi populaire, la Curie romaine

séparée des Églises particulières, les évêques séparés des prêtres, les jeunes séparés des personnes âgées, les conjoints et les familles peu impliqués dans la vie des communautés, les mouvements charismatiques séparés des paroisses, etc. C'est la tentation la plus grave en ce moment. Il y a encore beaucoup de chemin à faire pour que l'Église vive comme un corps, comme un vrai Peuple, uni par l'unique foi dans le Christ Sauveur, animé par le même Esprit sanctificateur et orienté vers la même mission d'annoncer l'amour miséricordieux de Dieu le Père[1].

En 2009 déjà, Benoît XVI avait lui aussi utilisé ce terme de « coresponsabilité » pour évoquer la nécessaire collaboration des pasteurs, des laïcs et des consacrés au sein du corps ecclésial :

Quelles voies pouvons-nous parcourir ? Il est tout d'abord nécessaire de renouveler l'effort pour promouvoir une formation plus attentive et fidèle à la vision de l'Église dont j'ai parlé, et cela aussi bien de la part des prêtres que des religieux et des laïcs. Toujours mieux comprendre ce qu'est cette Église, ce Peuple de Dieu dans le Corps du Christ. Il est dans le même temps nécessaire d'améliorer l'organisation pastorale, de façon à ce que, dans le respect des vocations et des rôles des personnes consacrées et des laïcs, l'on promeuve

1. Pape François, « Pasteurs et fidèles laïcs appelés à marcher ensemble », discours du 18 février 2023.

> graduellement la *coresponsabilité de l'ensemble de tous les membres du Peuple de Dieu*. Cela exige un changement de mentalité concernant particulièrement les laïcs, en ne les considérant plus seulement comme des « collaborateurs » du clergé, mais en les reconnaissant réellement comme « *coresponsables* » de l'être et de l'agir de l'Église, en favorisant la consolidation d'un laïcat mûr et engagé. Cette conscience commune de tous les baptisés d'être Église n'amenuise pas la responsabilité des curés. C'est précisément à vous qu'il revient, chers curés, de promouvoir la croissance spirituelle et apostolique de ceux qui sont déjà assidus et engagés dans les paroisses : ils sont le noyau de la communauté qui constituera un ferment pour les autres[1].

L'expression est forte. « Coresponsables de l'être et de l'agir de l'Église », les laïcs ne sont donc pas seulement des brebis à guider par les évêques et les prêtres : ils ont aussi leur part de responsabilité dans la vie et la mission de l'Église, dans le discernement de son « agir » pour répondre aux défis de notre monde et de ses lignes d'incandescence. Le terme « coresponsabilité » apparaît dans le contexte du concile Vatican II, lui-même précédé par des décennies de réflexion et de valorisation du rôle du « laïcat » dans l'Église, notamment par le travail de fond de l'Action catholique. On la trouve ainsi sous la

1. Benoît XVI, *discours d'ouverture du Congrès ecclésial du diocèse de Rome*, 26 mai 2009.

plume du cardinal Suenens[1] déjà cité, avec un qualificatif éclairant : « coresponsabilité *différenciée* ». De la même façon qu'*avec* ne signifie pas nécessairement *comme*, la coresponsabilité n'est pas une uniformisation de la responsabilité. Comme nous l'avons vu dans la première partie, la communion n'est pas la confusion : elle requiert au contraire de la distinction, de la différenciation, pour qu'il puisse y avoir échange, délibération et accueil d'une solution qu'aucune des parties n'aurait pu générer seule[2]. À l'inverse, l'altérité des vocations et des missions ne signifie pas une supériorité du prêtre, mais une possibilité de réciprocité entre les membres, au service de la vie du Corps entier, dans la charité.

> Le cléricalisme doit être « chassé ». Un prêtre ou un évêque qui tombe dans cette attitude fait beaucoup de mal à l'Église. Mais c'est une maladie qui infecte : pire encore qu'un prêtre ou un évêque tombé dans le cléricalisme, ce sont les laïcs cléricalisés : s'il vous plaît, ils sont une peste dans l'Église. Que le laïc soit laïc[3].

---

1. Cf. A Kasprzak, *La collégialité épiscopale interprétée comme coresponsabilité dans la pensée et l'action du cardinal Léon-Joseph Suenens. Une figure de pasteur dans la crise qui suit le Concile Vatican II*, Lille, ANRT, 2009.

2. Cf. Pape François, *Un temps pour changer*, Paris, Flammarion, 2020, p. 118-122 et sa réflexion sur les « contrapositions » et le « débordement ».

3. Pape François, discours du 18 février 2023.

Dès lors, comment tenir ensemble ce qui peut apparaître comme une injonction contradictoire ? Comment articuler avec justesse la coresponsabilité découlant du sacrement de baptême, partagée par tous les membres du corps, la mission propre des laïcs dans le monde et la responsabilité pastorale découlant du sacrement de l'ordre, partagée par l'évêque et les prêtres ? Où placer les diacres ? Comment traduire concrètement une coresponsabilité différenciée, sans crispation ni dilution ou encore sans imitation mimétique de nos diverses vocations, dans une authentique spiritualité de communion ? La réponse est peut-être plus simple qu'on ne l'imagine. Je crois qu'elle réside avant tout dans l'accueil résolu de la grâce de charité, déclinée sur le plan de la fraternité chrétienne entre laïcs, entre clercs et laïcs, avec les consacrés et les religieux. Cette fraternité n'est pas un slogan, mais une vertu théologale appliquée, patiemment et concrètement, jour après jour. Elle est à la fois un don et un travail. Elle requiert des temps de prière partagés, des moments fraternels « gratuits » où il est possible de goûter simplement cette fraternité et la joie qui en découle, préexistante à toute collaboration. La fraternité doit trouver concrètement sa place dans nos agendas. Elle n'aplanit pas le relief des différences et ne rend pas l'un interchangeable avec l'autre, mais elle nous établit comme frères et sœurs, fils et filles d'un même Père, appelés à ressembler au Fils unique, qui nous ouvre cette relation filiale et cette fraternité par le don de l'Esprit Saint. Et cela change la perspective : ce n'est pas le pouvoir ou la « gloire » qui sont alors recherchés, mais le service et le chemin vers la sainteté qui sont partagés.

Une autre illustration historique peut nous éclairer. Lorsque sainte Marguerite-Marie participe à la première messe célébrée à la Visitation de Paray-le-Monial par saint Claude La Colombière en 1675, elle reçoit une image intérieure évoquant trois cœurs : celui de Jésus, le sien et celui du père Claude. Elle comprend que ce Jésuite lui est envoyé pour l'aider à discerner l'authenticité des apparitions du Sacré-Cœur : Dieu « voulait que nous fussions *comme frère et sœur* », écrira-t-elle plus tard. L'expression n'est pas sans rappeler celle de Martine Catta rapportée au début de ce quatrième chapitre, à propos de Pierre Goursat au soir du week-end à Troussures : « Nous nous sommes reconnus *frère et sœur dans l'Esprit Saint.* » À trois siècles d'écart, l'expérience paraît proche, alors même que le contexte est radicalement différent. Que deux laïcs se reconnaissent frère et sœur au début des années 1970 consonne relativement bien avec le contexte culturel ambiant. En revanche, qu'une religieuse visitandine du XVIIe siècle situe sa relation de « direction spirituelle » avec un révérend père jésuite sur un plan fraternel est plus étonnant : on aurait plutôt attendu un positionnement filial vis-à-vis d'un père spirituel. Or, effectivement, non seulement sainte Marguerite-Marie reçut apaisement et lumières sur son expérience spirituelle extraordinaire de la part de saint Claude, mais celui-ci bénéficia en retour de la prière et d'avis précieux de sainte Marguerite-Marie pour la suite de sa vie religieuse et sacerdotale. Ainsi, quelle que soit l'époque, c'est le même don de la fraternité baptismale, appelée à irriguer toutes les autres relations ecclésiales dans une *réciprocité* de dons[1], et donc à qualifier le rapport entre prêtres et laïcs comme étant *avant tout* fraternel, sans pour autant nier la spécificité des vocations de chacun : la mission séculière, dans le monde, des laïcs et le ministère pastoral des prêtres, au service des baptisés et des chercheurs de Dieu, sans oublier la place singulière de la vie consacrée, *a fortiori* sous sa forme contemplative et monastique.

Le primat de ce don de la fraternité entre baptisés confirme les propos de Faustine sur les relations des prêtres avec les femmes et des femmes avec les prêtres : elles sont à vivre dans ce cadre clair de la fraternité, comme nous y encourageait déjà saint Jean-Paul II en 1995, dans sa lettre aux prêtres pour le Jeudi saint. N'ayant pas eu de sœur selon la chair – mais quatre chères belles-sœurs tout de même ! –, je rends d'autant plus grâce au Seigneur pour ces collaborations fécondes vécues avec de nombreuses sœurs dans la foi et la mission partagée. Comme l'écrit plus haut Faustine, « cette relation homme-femme, cette altérité voulue par le Créateur est bonne, fondamentalement bonne. Dans la nouvelle Alliance, ceux qui renoncent à ce dessein bon de Dieu

1. Cf. B.-D. de La Soujeole, « Le sacerdoce ministériel à sa juste place », *Il est vivant !* n° 363, avril-juin 2024, p. 15-18.

dans le sacerdoce, en vue de se donner à tous comme le Christ, ne renoncent pas à l'altérité nécessaire avec la femme ». Renoncer au mariage ne signifie bien sûr pas renoncer à l'altérité sexuée, mais demande de la vivre avec cohérence, dans la confiance et la prudence. C'est tout l'enjeu de la vertu de *chasteté*, à l'opposé des attitudes incestueuses qui outrepassent le cadre des relations de frère à sœur : la personne chaste (*castus*) se situe à la juste distance, physique, affective et spirituelle, distance qui garde et protège de l'inceste (*in-castus*) en permettant des échanges et une collaboration sans ambiguïté. Rappelons qu'une vertu morale est une force intérieure qui s'acquiert et se renforce en se pratiquant. Le pape François la définit ainsi dans sa lettre sur saint Joseph, modèle du genre : « La chasteté est le fait de se libérer de la possession dans tous les domaines de la vie. C'est seulement quand un amour est chaste qu'il est vraiment amour[1]. » En effet, le bonheur en Dieu est sans possession : il n'est que relation. Là où à l'inverse, le péché est captation, mainmise sur la relation ou sur l'autre, qui bloque le flux de la charité. Ainsi appuyée sur la grâce de la fraternité reçue du Seigneur, la *coresponsabilité* peut se déployer et s'exprimer dans une *réciprocité* d'attention, de valorisation et de dons entre laïcs, prêtres et diacres,

1. Pape François, Lettre apostolique *Patris corde* n° 7, 2021. Cf. les très belles pages sur la chasteté du prêtre *in* Don P. Préaux, *Les Prêtres. Don du Christ pour l'humanité*, Paris, Artège, 2020, p. 194-200.

entre ministres ordonnés et consacrés, entre consacrés et laïcs. C'est le « Christ total », selon la belle expression de saint Augustin, unissant la tête et tous les membres que le baptême lui agrège, qui grandit ainsi au cours du temps.

Avec la chasteté, mentionnons enfin une autre vertu tout aussi nécessaire à la vie ecclésiale et au juste positionnement de chacun, en particulier des prêtres au vu de l'autorité pastorale et sacramentelle qui leur est confiée : il s'agit bien sûr de l'*humilité*, car si *« Dieu s'oppose aux orgueilleux, aux humbles il accorde sa grâce »* (1P 5,5). Et ce n'est pas un mince défi, notamment dans la prédication. Être écouté régulièrement par toute une assemblée, en étant placé par l'ordination reçue et la liturgie célébrée dans une position d'autorité, peut amener subrepticement le prêtre à oublier qu'il ne se tient pas là en son nom propre, mais au nom d'un Autre, qu'il représente sacramentellement. Tenir le micro et retenir l'attention comportent un côté grisant dont le prédicateur doit être conscient pour demeurer dans une attitude chaste vis-à-vis des paroissiens ou des pèlerins, qui ne sont pas en position de lui répondre. Dans ses *Morales sur Job*, saint Grégoire le Grand (540-604), Pape et Père de l'Église, assimile les prédicateurs orgueilleux à des incompétents, tant l'humilité constitue pour lui une qualité nécessaire pour prêcher et gouverner[1] :

1. Cf. P.-B. Duveau, « Comment l'humilité peut-elle être une qualité de celui qui dirige ? La réponse de Grégoire le Grand dans les *Morales sur Job* à un problème de l'Antiquité tardive », mémoire de recherche, Université catholique de l'Ouest, 2021, p. 109.

> Leurs propos les trahissent. En effet, lorsqu'ils enseignent, on les voit s'asseoir pour ainsi dire en eux-mêmes, comme sur le point culminant d'un sommet. Ils portent leurs regards sur ceux qu'ils enseignent comme sur des gens établis loin au-dessous d'eux, tout en bas. À ceux-là, ils daignent à peine parler, non en les consultant mais en les dominant[1].

Or la domination n'est-elle pas l'attitude d'Adam vis-à-vis d'Ève après la chute ? *« Ton désir te portera vers ton mari, et celui-ci* dominera *sur toi »* (Gn 3, 16). Il ne saurait donc en être ainsi pour des ministres du Christ, nouvel Adam, à l'égard de l'assemblée ecclésiale, son épouse. Plutôt que la domination, et pour acquérir la nécessaire humilité, le conseil de saint Grégoire est précisément l'attitude de *réciprocité*[2]*, qui amène le prêtre, et plus généralement le prédicateur, à se mettre aussi à l'écoute de ceux à qui il s'adresse, en position non seulement de donner, mais aussi de recevoir, ce qui constitue en effet une attitude pastorale fondamentale, comme nous le montre Jésus vis-à-vis de la Samaritaine, au puits de Jacob : « Donne-moi à boire »* (Jn 4, 7)... L'humilité est l'une des qualités reconnues à Pierre Goursat par ceux qui l'ont fréquenté. Après sa mort, une des rares pages qu'il

1. Saint Grégoire le Grand, *Moralia in Iob*, 23, 13, 23, p. 1161 (CC SL 143B).

2. P.-B. Duveau, « Comment l'humilité peut-elle être une qualité de celui qui dirige ? », *op. cit.*, p. 122-123.

ait écrites a été retrouvée, avec quelques brèves réflexions et prières, dont celles-ci : « Jésus, doux et humble de cœur [...] Comment peut-on venir à Jésus sans l'humilité[1] ? » Demandons donc régulièrement une grâce d'humilité pour tous, pour les pasteurs et les prédicateurs en particulier. Merci pour eux !

4. UNE TRIANGULATION SALUTAIRE, DONC NÉCESSAIRE

Corps du Christ, dont il est la Tête, l'Église apparaît donc à la fois une en son principe et diverse en ses membres. Complémentaires dans nos vocations de baptisés, célibataires et mariés, consacrés et ordonnés, nous sommes *« membres les uns des autres »* (Rm 12, 5), « coresponsables de l'être et de l'agir » de l'Église, appelés à vivre des relations de réciprocité dans une communion de foi, d'espérance et de charité fraternelle. L'enjeu consiste alors à ce que chacun reçoive et tienne sa place, rien que sa place et toute sa place ! Pour le bien commun. En déployant les talents que j'ai reçus (cf. Mt 25, 14-30). En m'émerveillant de la place et des dons reçus par mes frères et sœurs, membres du même Corps, dont j'ai à recevoir et à qui j'ai aussi à donner, simplement, humblement. Nul n'est de trop, même le plus petit et le moins qualifié, nécessaire à l'intégrité du corps. Ainsi, Dieu *« a voulu qu'il*

---

1. M. Catta, *Pierre Goursat, op. cit.*, p. 319-320.

n'y ait pas de division dans le corps, mais que les différents membres aient tous le souci les uns des autres. Si un seul membre souffre, tous les membres partagent sa souffrance; si un membre est à l'honneur, tous partagent sa joie » (1 Co 12, 25-26). Cette solidarité des membres traduit donc une dépendance mutuelle. Ne dit-on pas qu'une « âme qui s'abaisse, abaisse le monde et qu'une âme qui s'élève, élève le monde » ? *A fortiori* dans la communion des saints. Dans le corps du Christ nos capacités, nos charismes et nos mouvements s'imbriquent, se complètent... ou se gênent, si nous n'accueillons pas le discernement et l'impulsion de la tête. Nos pas s'entraînent... ou s'entravent, si chacun part de son côté. Oui, un service, un ministère, de coordination, de communion est nécessaire pour servir la cohérence et la vitalité du corps : c'est la mission propre de l'évêque et de ses prêtres, au nom du Christ-Tête. Et chaque baptisé est *« le gardien »* de son frère et de sa sœur, qui ont, eux aussi simultanément, à le *« garder »*, du mal et de l'isolement mortifère (cf. Mt 18, 14-17) : « L'amour authentique, à même de faire grandir, et les formes les plus nobles d'amitié résident dans des cœurs qui se laissent compléter[1]. »

C'est dans cette perspective de solidarité fraternelle et de vigilance mutuelle, qu'apparaît toute la beauté de la vocation de nos sœurs et de nos frères consacrés dans le

1. Pape François, encyclique *Fratelli tutti*, n° 89, 2020.

célibat pour le Royaume, quel que soit l'ordre, l'institut ou l'association de fidèles dont ils sont membres. Beauté de la vocation de toutes les religieuses et de tous les religieux consacrés au Seigneur, dans la vie apostolique comme dans la vie monastique : ils nous tournent vers le Ciel. Par les « conseils évangéliques » qu'ils choisissent de suivre et de vivre,

> les traits caractéristiques de Jésus – chaste, pauvre et obéissant – deviennent « visibles » au milieu du monde de manière exemplaire et permanente et le regard des fidèles est appelé à revenir vers le mystère du royaume de Dieu, qui agit déjà dans l'histoire, mais qui attend de prendre sa pleine dimension dans les cieux[1].

Leur mode de vie, au diapason de celui du Christ, peut intriguer, voire provoquer, tant pauvreté, chasteté et obéissance se situent à contre-courant des impératifs culturels habituels de notre monde : possession, jouissance, indépendance et reconnaissance. Selon des modalités diverses, les consacrés mettent ainsi en œuvre la charte des Béatitudes (cf. Mt 5, 1-12), « carte d'identité du chrétien » selon une expression chère au pape François. Ce faisant, ils nous entraînent tous à prendre au sérieux notre baptême et son impact sur les différentes dimensions de notre vie, pour un rapport toujours plus juste aux biens (pauvreté), aux personnes (chasteté) et à

1. Saint Jean-Paul II, exhortation apostolique *Vita consecrata* n° 1, 1996.

notre volonté propre (obéissance) : *« Ma nourriture, c'est de faire la volonté de Celui qui m'a envoyé et d'accomplir son œuvre »* (Jn 4, 34).

Si certains religieux sont prêtres, beaucoup ne le sont pas, tout comme les laïcs consacrés et, *a fortiori*, toutes les religieuses et les consacrées vivant dans le monde. Dans la communauté de l'Emmanuel, femmes et hommes laïcs consacrés dans le célibat pour le Royaume vivent ainsi leur vocation à la fois discrètement et résolument, comme une réponse d'amour à Celui « qui a tant aimé les hommes jusqu'à s'épuiser et se consumer pour leur témoigner son amour, et qui, pour reconnaissance, ne reçoit de la plupart qu'ingratitude », selon la révélation du Cœur de Jésus à sainte Marguerite-Marie[1]. Ils la vivent au cœur de leur vie quotidienne, dans leur travail, leur voisinage, leurs relations et bien sûr leur vie communautaire, participant comme les prêtres, les diacres et les autres laïcs à une maisonnée hebdomadaire. Si la plupart vivent à plusieurs, en « fraternités » de trois ou quatre, certaines vivent seules notamment pour des raisons de localisation professionnelle.

Pourquoi s'arrêter ainsi sur cette vocation qui n'est pas celle des prêtres, dans un livre qui leur est pourtant consacré ? Pour une raison essentielle : la juste place des prêtres dans l'Église, se trouvera d'autant mieux

---

1. Cf. B. Guédas, *Dans le Cœur de Jésus. Sainte Marguerite-Marie, maîtresse de vie spirituelle*, Paris, Emmanuel, 2022.

me semble-t-il, si l'on procède à une « triangulation ». En topographie ou en orientation marine, cette technique « permet de déterminer la position d'un point, en mesurant les angles entre ce point et d'autres points de référence dont la position est connue ».

Or, on a parfois tendance à distinguer les clercs (évêques, prêtres et diacres) d'un côté et les laïcs de l'autre, comme étant les deux ensembles constitutifs du corps ecclésial. Cette bipartition apparaît alors comme la distinction essentielle pour entrer dans le mystère de l'Église. Est-ce juste ? Si cette distinction existe bien par le sacrement de l'ordre, comme nous l'avons longuement évoqué, elle ne dit pas tout pour autant et risque de limiter l'accueil du mystère par une approche partielle. Ne considérer que cette répartition en deux ensembles, c'est courir le risque d'une dialectique biaisée, qui peut glisser de la distinction à l'opposition, et passer de l'accueil d'une structuration sacramentelle de l'Église, d'origine divine, à la vision d'une organisation fonctionnelle, à vue seulement humaine. Il est salutaire – et donc nécessaire – de « trianguler » entre laïcs, consacrés et prêtres. Car les consacrés, même si certains sont « laïcs » au sens où ils n'appartiennent pas à un institut religieux et ne prononcent pas de vœux mais un engagement, témoignent par leur vie toute donnée au Christ – corps, cœur et esprit – que la vie présente n'est pas close sur elle-même, mais déjà ouverte sur l'éternité et tournée vers « celui qui est, qui était et qui vient ». Ce faisant, les consacrés situent d'emblée les rapports au sein de l'Église dans la « troisième dimension » : ils les soulèvent de l'intérieur, en les faisant passer du plan horizontal des questions d'organisation et de rapports de pouvoir au plan vertical de la perspective eschatologique de l'Église, à sa finalité, à sa mission de salut, «*pour que tous les hommes aient la vie et la vie en abondance*» (Jn 10, 10). Ils nous gardent ainsi de confondre les moyens avec la fin, ce qui n'est pas rien !

Dans le dialogue nuptial du Christ et de son Église, consacrés, religieuses et religieux, par leur réponse amoureuse à l'appel du Seigneur, se placent du côté de l'Église-Épouse. Consacrées et religieuses reçoivent d'ailleurs une alliance au jour de leur engagement définitif ou de leur profession solennelle. Les prêtres, quant à eux, sont placés par leur ordination avec leur évêque, dont l'anneau pastoral tient aussi lieu d'alliance, du côté du Christ-Époux, qui se donne entièrement à son épouse : corps livré, sang versé, cœur transpercé... Debout, «*près de la croix de Jésus, se tenait sa mère*» (Jn 19, 25), avec Marie-Madeleine et d'autres femmes. Au côté du nouvel Adam livrant sa vie, se tient la nouvelle Ève, le cœur « *traversé d'un glaive* » de douleur (cf. Lc 2, 35), uni à celui de Jésus. La Vierge Marie est alors figure de l'Église – et en son sein de la vie consacrée –, toute tournée vers notre Seigneur Jésus et donnée à lui, sans ministère apostolique ni fonction officielle, sinon celle d'engendrer spirituellement les disciples du Sauveur par la compassion de son cœur, uni à celui du Christ : « Voici ton fils », s'entend-elle dire par son Fils en croix au sujet du « *disciple bien-aimé* », dont l'anonymat permet que chacun des disciples puisse se reconnaître appelé à cette place, invité à participer lui aussi à cette relation filiale avec la Vierge Marie, « mère de l'Église », selon la belle expression que confirma saint Paul VI en 1964.

Notre parcours sur la place des prêtres s'inscrit dans une période marquée par une réflexion qui se poursuit sur la place des femmes dans l'Église, ainsi que sur la mise en œuvre des ministères *institués*, confiés à des fidèles laïcs comme ceux de lecteur et d'acolyte[1], ou encore de catéchiste, établi récemment[2], tous fondés sur le sacrement du baptême. Dans ce contexte, le regard que nous portons sur la vie consacrée et la place de la Vierge Marie nous donne – comme une boussole – une orientation fondamentale, « eschatologique », c'est-à-dire tournée vers la fin, vers le Royaume, but de la mission du Christ et de son corps ecclésial :

> Tout comme dans le ciel où elle est déjà glorifiée corps et âme, la Mère de Jésus représente et inaugure l'Église en son achèvement dans le siècle futur, de même sur cette terre, en attendant la venue du jour du Seigneur (cf. 2P 3,10), elle brille déjà devant le Peuple de

1. Pape François, motu proprio *Spiritus Domini* sur l'ouverture aux femmes des ministères institués de lecteur et d'acolyte, janvier 2021.

2. Pape François, motu proprio *Antiquum ministerium* établissant le ministère de catéchiste, mai 2021.

Dieu en pèlerinage comme un signe d'espérance assurée et de consolation[1].

Ainsi, « entre » clercs et laïcs, comme un troisième angle ou encore la « 3D » de la communion, les consacrés nous offrent le point de fuite pour une juste mise en perspective du mystère de l'Église : le Ciel. Si nous le gardons présent au cœur et à l'esprit, nous sortirons par le haut des risques de confusion, des impasses fonctionnelles et de la bipolarisation laïcs – prêtres, trop souvent réductrice et peu féconde. L'état de vie des consacrés, à la suite de la Vierge Marie, constitue un signe éloquent de la gratuité et de la générosité de l'amour. Il nous rappelle que la vocation essentielle de tout baptisé n'est pas de recevoir une fonction ou une lettre de mission dans l'Église, d'être institué ceci ou ordonné cela, mais d'écouter la Parole de Dieu et de la mettre en pratique, de se laisser éclairer et transformer par l'Esprit du Christ pour aimer en actes et vivre en témoin, jusqu'à devenir saint. « L'homme ne peut pleinement se trouver que par le don désintéressé de lui-même[2] », nous rappelle l'enseignement du concile Vatican II, en écho à celui de Jésus : « *Celui qui veut sauver sa vie la perdra ; mais celui qui perdra sa vie à cause de*

1. Concile Vatican II, constitution dogmatique *Lumen Gentium* n° 68, 1964.

2. Concile Vatican II, constitution pastorale *Gaudium et Spes* n° 24, 1965.

moi et de l'Évangile la sauvera » (Mc 8, 35). Comme le faisait remarquer en son temps Mgr Garnier aux jeunes pèlerins vendéens : « De qui se souvient-on aujourd'hui à Lourdes ? De Monseigneur l'évêque ou d'une bergère illettrée ? » C'est bien sainte Bernadette et son témoignage qui attirent les foules : ceux qui réforment et façonnent le plus durablement l'Église ne sont pas ses pasteurs, mais les saintes et les saints. « Là où ils passent, Dieu passe avec eux », prêchait saint Jean-Marie Vianney.

En définitive, il ne s'agit peut-être donc pas tant d'être positionnés les uns par rapport aux autres que de se positionner *ensemble* dans la foi, la prière et la charité. Il devient alors possible de renoncer à tout esprit de domination pour vivre une authentique réciprocité dans les relations entre frères et sœurs de différentes vocations. L'unité désirée et demandée devient alors communion reçue et vécue.

> Il s'agit de récupérer une « ecclésiologie intégrale », comme elle l'était dans les premiers siècles, dans laquelle tout est unifié par l'appartenance au Christ et par la communion surnaturelle avec Lui et avec les frères, dépassant une vision sociologique qui distingue des classes et des rangs sociaux et qui repose au fond sur le « pouvoir » assigné à chaque catégorie. L'accent doit être mis sur l'unité et non sur la séparation, sur la distinction. Le laïc, plus que comme « non-clerc » ou « non-religieux », doit être considéré comme un baptisé, comme un membre du Peuple saint de Dieu, qui est le sacrement qui ouvre toutes les portes. Dans le Nouveau

Testament, on ne trouve pas le mot « laïc », mais on parle de « croyants », de « disciples », de « frères », des « saints », termes appliqués à tous : fidèles laïcs et ministres ordonnés, le Peuple de Dieu en marche. Dans cet unique Peuple de Dieu, qui est l'Église, l'élément fondamental est l'appartenance au Christ[1].

5. AVEC D'AUTRES

Comment sera le Ciel ? « *Dieu y sera tout en tous* » (1Co 15,28) nous dit saint Paul. La communion de la Sainte Trinité sera partagée et vécue dans une intensité d'amour, de paix et de joie difficilement imaginable ! Vaincue par la Croix et la Résurrection de Jésus, l'unique Grand-Prêtre, « *la mort ne sera plus, et il n'y aura plus ni deuil, ni cri, ni douleur* » (Ap 21, 4). Seule demeurera la charité, partagée par tous ceux qui l'auront accueillie : pardonnés et purifiés de tout péché, nous serons alors véritablement – sans une ombre de repli sur nous-mêmes – « *un seul cœur et une seule âme* » (Ac 4, 32), définitivement ensemble ! Contempler ainsi dans la foi et l'espérance notre avenir en Dieu constitue un puissant moteur intérieur et missionnaire. Cela nous permet aussi de situer la mission que le Christ confie à son Église et à chacun

1. Pape François, « Pasteurs et fidèles laïcs appelés à marcher ensemble », discours du 18 février 2023.

de ses disciples-missionnaires dans une juste perspective. Il ne s'agit pas d'augmenter le nombre d'adhérents à un club mais d'annoncer «*à toute la création*» (Mc 16, 15) la bonne nouvelle d'une invitation à participer au «*festin des noces de l'Agneau*» (Ap 19, 9). Pour le dire vite, la mission apparaît donc davantage de l'ordre du *moyen* et la communion de l'ordre de la *fin*, même si écouter et témoigner constituent déjà un acte réciproque de communion. La mission de l'Eglise jaillit de la communion trinitaire et s'accomplit définitivement en elle.

> Être missionnaire, c'est conduire les autres à faire l'expérience personnelle de l'Amour incommensurable qui unit le Père, le Fils et l'Esprit et se laisser happer par cette fournaise ardente d'un Amour qui s'est manifesté de manière sublime sur la Croix[1].

Cette croissance dans la communion, rendue possible par la mission, peut se lire dans la transformation qualitative des relations entre Jésus et ses apôtres. Contrairement à la coutume juive de choisir son maître et de lui demander à pouvoir devenir son disciple, ce ne sont pas d'abord les Douze qui ont choisi de suivre Jésus, mais c'est lui qui les a appelés: «*Ce n'est pas vous qui m'avez choisi, c'est moi qui vous ai choisis et établis*» (Jn 15, 16).

1. R. Sarah, «La nature missionnaire de l'Église et les principes doctrinaux d'*Ad Gentes*», in *Cinquantenaire du concile Vatican II. Une herméneutique de la continuité*, Actes du colloque ICES – Diocèse de Luçon 2012, p. 11.

Au fil de l'évangile selon saint Jean, ils passent d'abord du statut de serviteurs à celui d'amis : « *Je ne vous appelle plus serviteurs, car le serviteur ne sait pas ce que fait son maître ; je vous appelle mes amis, car tout ce que j'ai entendu de mon Père, je vous l'ai fait connaître* » (Jn 15, 15). Après l'heure des ténèbres (cf. Jn 13, 30) et de sa Passion, dans la lumière de la Résurrection de Jésus, les apôtres sont désormais appelés frères : « *Va trouver mes frères* » (Jn 20, 17) entend ainsi Marie-Madeleine, envoyée vers les apôtres en témoin de la résurrection, la première, vénérée depuis lors comme l'« apôtre des apôtres ». « La mission crée des liens plus forts que le sang[1] » écrit ainsi saint Jean-Paul II, attestant à son tour que la mission tisse la communion. Et, en retour, celle-ci apparaît par nature missionnaire : n'est-ce pas la raison pour laquelle « l'Église se développe plutôt par "attraction", comme le Christ "attire chacun à lui" par la force de son amour[2] » ?

Une vie communautaire animée par la charité fraternelle, qu'elle soit paroissiale ou d'une autre sorte, attire en effet. Le défi est alors pour cette communauté, quelle que soit sa taille, de ne pas « s'autocentrer », mais de nourrir une communion plus large, *avec* d'autres, comme nous l'avons déjà évoqué dans la première partie. De servir l'édification du corps de l'Église et la circulation du

1. Saint Jean-Paul II, encyclique *Redemptoris Missio*, 1990.

2. Cf. Benoît XVI, « Homélie pour la messe inaugurale de la 5e Conférence générale de l'épiscopat d'Amérique latine et des Caraïbes », Aparecida, 13 mai 2007.

« sang » de la charité dans tous ses membres, *ensemble*. Comme communauté « nouvelle », nous avons vécu des formes d'autosuffisance. Or, l'appel du magistère est clair : aucune association ou mouvement ecclésial n'a vocation à l'indépendance. En 2018, suite à l'érection par le Dicastère pour le clergé d'une « association publique cléricale » regroupant les prêtres et les diacres de l'Emmanuel, au sein de « l'association publique internationale de fidèles » rassemblant les différents états de vie, une belle rencontre avec le Saint-Père a manifesté et souligné cet enjeu de la communion ecclésiale :

> Ce pèlerinage est le signe de la pleine participation de la *communauté de l'Emmanuel* à la communion de toute l'Église catholique. C'est aussi l'occasion pour moi de vous remercier pour votre fidélité et votre attachement au Successeur de Pierre, de vous dire l'appréciation que je porte sur votre engagement missionnaire désormais présent sur tous les continents, et de vous encourager à la persévérance pour l'avenir.
>
> Cet avenir est marqué désormais par la récente reconnaissance de l'Association cléricale de la communauté de l'Emmanuel le 15 août dernier, structure rendue opportune en raison des nombreuses vocations sacerdotales que le charisme de l'Emmanuel suscite et pour une plus grande fécondité de l'évangélisation. Loin d'isoler les prêtres des autres membres de la Communauté, laïques ou consacrés, je forme le vœu que cette reconnaissance vitalise au contraire cette belle

communion des états de vie dont vous faites l'expérience depuis plus de 40 ans, dans la complémentarité des diverses vocations. J'invite aussi vos communautés à garder un lien toujours plus étroit avec cette réalité si riche de la paroisse du lieu où elles vivent, et qu'elles s'intègrent volontiers dans la pastorale organique de l'Église particulière (cf. *Evangelii gaudium*, n° 29)[1].

« Cette intégration évitera qu'elles demeurent seulement avec une partie de l'Évangile et de l'Église, ou qu'elles se transforment en nomades sans racines[2] », dit en effet l'exhortation apostolique placée en référence. Or, ni les racines ni l'intégralité de l'Évangile ne sont des options ! En ce sens, ce qui m'a aussi attiré dans la communauté de l'Emmanuel, c'est la présence en son sein de deux « prises de terre », qui contribuent à la garder me semble-t-il du risque de « nomadisme » : la première, c'est que l'immense majorité de ses membres sont des baptisés laïcs vivant dans le monde leur vie familiale, professionnelle et sociale. Ils maintiennent donc un contact existentiel avec la vie ordinaire et la culture contemporaine. La seconde est l'incardination diocésaine des diacres et des prêtres de l'Emmanuel, ce qui articule nécessairement la communauté avec les évêques, leur ministère apostolique, la

1. Pape François, « Discours à la communauté de l'Emmanuel », Rome, 7 avril 2018.

2. Pape François, exhortation apostolique *Evangelii Gaudium* n° 29, 2013.

vie et la mission des diocèses. Et, en leur sein, avec les paroisses, où la majorité des prêtres et des diacres sont en service. Côté « prises au Ciel », citons nos frères et sœurs consacrés, avec aussi le choix d'une vie de prière et de disponibilité à l'Esprit Saint.

À l'école du Cœur de Jésus, nous avons à toujours apprendre et accueillir de lui la douceur et l'humilité pour mieux recevoir des autres, tout en apportant aussi notre pierre à l'édification commune de l'unique Église, dans une féconde réciprocité. Il s'agit en fait de vivre la dimension *catholique* de l'Église, car notre vocation n'est pas catégorielle, elle est universelle. Si le christianisme est par nature communautaire, il n'est pas communautariste. Il n'est pas de nature ethnique, de « chair et de sang », mais catholique, « d'eau et d'Esprit ». Une communauté chrétienne n'est pas un club fermé, mais une oasis accueillante, voire même un « hôpital de campagne ». Un qualificatif s'est répandu ces dernières années, qui me paraît ambivalent de ce point de vue, celui de « catho ». Les évolutions d'une langue vivante sont inévitables et le diminutif se comprend bien, mais il comporte un danger : celui de la réduction de l'horizon de notre vocation, d'une amputation de la mission que le Seigneur lui-même confie à son Église. Dans son étymologie et son usage traditionnel, l'adjectif *catholique* ne désigne pas d'abord une confession chrétienne parmi d'autres et encore moins un segment du spectre sociologique actuel de la société française qu'évoque son diminutif. Il ne signifie pas non plus

> une universalité conquise peu à peu par extension progressive, mais plutôt quelque chose d'intrinsèque à l'Église, donné dès le début, avant même qu'elle ne s'étende. Et ce don, qui est essentiellement ferment eucharistique d'unité, constitue pour l'Église un appel, une vocation, à étendre ce ferment aux dimensions du vaste monde, selon le Tout qu'est Dieu, Lui qui veut rassembler dans l'unité tous ses enfants dispersés et même tout le cosmos, dans une grande « Messe sur le monde », chantée par Teilhard de Chardin. Catholique, en effet, signifie « selon le tout »[1].

Le Cœur de Jésus est large et l'amour de Dieu sans limites. Quel que soit le nombre de fidèles, ne serions-nous que deux ou trois, « *le Seigneur est là, au milieu de nous* » (Mt 18, 20), avec nous, lui, l'« Emmanuel ». La mission commune, à vivre avec d'autres, dans la communion de nos différentes vocations et états de vie est donc d'offrir à tous de puiser aux « *sources vives du Salut* » (Is 12, 3) auprès du Christ et de son côté transpercé, où se révèle et s'épanche la miséricorde du Père, qui veut que « *tous les hommes soient sauvés* » (1 Tm 2, 4). Tous les hommes et tout l'homme, dans toutes les dimensions de son être. Les prêtres, par leur présence, la prédication, les sacrements, l'accompagnement rendent accessible cette source, qui « coule toujours ». L'Église est catholique aussi

1. Cf. J.-M. Aveline, *Dieu a tant aimé le monde. Petite théologie de la mission*, Paris, Cerf, 2023, p. 124.

parce qu'elle reçoit – par le sacerdoce du Christ – et ne cesse d'offrir à tous, les moyens nécessaires à l'accueil de la grâce du salut, cette « *eau vive* » annoncée à la Samaritaine (cf. Jn 4, 4-15).

> Pour cette raison, la formation même des candidats au sacerdoce doit viser à leur donner « ce véritable esprit *catholique* qui les habituera à dépasser les limites de leur diocèse, de leur nation ou de leur rite pour subvenir aux besoins de l'Église entière, prêts au fond du cœur à prêcher l'Évangile en quelque lieu que ce soit » (Vatican II, *Optatam Totius* n° 20). Tous les prêtres doivent avoir un cœur et une mentalité missionnaires, être ouverts aux besoins de l'Église et du monde, attentifs aux plus éloignés et surtout aux groupes non chrétiens de leur milieu. Dans la prière et en particulier dans le sacrifice eucharistique, ils porteront la sollicitude de toute l'Église pour l'ensemble de l'humanité[1].

Le cœur des prêtres est donc lui aussi appelé à s'élargir, dès les années de séminaire, pour toujours mieux vivre et servir, *avec d'autres*. C'est un chemin qui n'est jamais terminé et qui peut se traduire de bien des façons, selon les vocations personnelles et la diversité des spiritualités, qui font la beauté de l'Eglise. Pour ma part, c'est une image qui m'a aidé à comprendre la place à laquelle le Seigneur m'appelle, comme prêtre diocésain, membre d'une association internationale de fidèles : celle de deux cœurs se

1. Saint Jean-Paul II, encyclique *Redemptoris Missio* n° 67, 1988.

rapprochant et s'entrelaçant pour former le double cœur vendéen, avec un point à l'intersection, pleinement inscrit dans l'un, tout en étant aussi pleinement inscrit dans l'autre. Cette image simple illustre pour moi la possibilité d'être pleinement inscrit dans mon diocèse et, dans le même temps, dans une association de fidèles comme la communauté de l'Emmanuel, les deux ne se confondant pas bien sûr, mais pouvant se conjuguer ensemble. La devise vendéenne *Utrique fidelis*, « fidèle à l'un et à l'autre », exprime ainsi une fidélité redoublée, sans duplicité : un *double cœur*, large et signe d'alliance, n'est pas à confondre avec un *cœur double*, partagé, ne sachant que choisir ou qui suivre. Ce double cœur peut aussi illustrer l'articulation du sacerdoce ministériel des prêtres avec le sacerdoce commun à tous les baptisés, l'imbrication de la dimension hiérarchique et de la dimension charismatique de l'Eglise[1], ainsi que celle de l'Eglise particulière, diocésaine et locale, avec l'Eglise universelle, répandue « jusqu'aux extrémités de la terre ». A bien le regarder, ce double cœur comporte en son sein un troisième cœur, dessiné par l'entrelacement des deux : beau symbole ! C'est en effet la charité qui permet les justes articulations au service de la communion, avec la part nécessaire de décentrement et de détachement. Ainsi, quel que soit notre appel, notre lieu de mission, notre chemin et notre état de vie, une chose est sûre : nous sommes aimés par

1. Cf Vatican II, constitution *Lumen Gentium* n° 12, 1964

Celui « qui est amour » *(1Jn 4,8)* et nous sommes appelés par lui à aimer à notre tour, *crescendo* !

> L'amour nous met en tension vers la communion universelle. Personne ne mûrit ni n'atteint sa plénitude en s'isolant. De par sa propre dynamique, l'amour exige une ouverture croissante, une plus grande capacité à accueillir les autres, dans une aventure sans fin qui oriente toutes les périphéries vers un sens réel d'appartenance mutuelle. Jésus nous disait : *« Tous, vous êtes des frères »* (Mt 23, 8)[1].

◆ ◆ ◆

PASSER DE LA COMMUNICATION À LA COMMUNION

Bertrand Carron

Des études très sérieuses portent sur le nombre de stimuli commerciaux, logos, espaces publicitaires et autres vus par jour dans nos rues et sur nos écrans. Occidentaux, nous serions quotidiennement exposés en moyenne à 15 000 de ces stimuli. À vrai dire si les spécialistes ne sont pas tous d'accord sur la méthode de calcul, accordons-nous à dire que la communication a pris beaucoup (trop) d'importance dans nos vies. Loin de moi l'idée de fustiger la communication en bloc, j'en ai fait mon métier depuis plus de vingt ans maintenant,

1. Pape François, encyclique *Fratelli Tutti* n° 95, 2020.

essentiellement d'ailleurs au service de projets associatifs chrétiens et citoyens.

Il est amusant d'observer que le langage utilisé par le monde de la communication et du marketing est souvent proche ou emprunté à celui des chrétiens... on y parle du taux de « conversion », de l'« annonce », de la « fidélisation », de « l'affiliation », des « signes »... ou carrément en marketing « d'évangélisation » (faire connaître un produit innovant sur un marché ciblé) ! J'en oublie certainement.

Une notion chère aux réseaux sociaux interpelle plus particulièrement, celle de « communauté ». Pour Facebook, Instagram, Snapchat, TikTok, Twitter (X) pour ne citer que les plus utilisés et généralistes, une « communauté » est un groupe d'individus, plus ou moins dissimulés derrière des profils, qui interagissent entre eux en suivant quelqu'un, un même centre d'intérêts, une source d'information ou encore une marque. Les influenceurs y règnent en maîtres en créant des contenus de toutes sortes pourvu qu'ils retiennent notre attention, nous persuadent ou nous poussent à la consommation. Globalement les communautés sur les réseaux sociaux adoptent une approche utilitariste : on y est capté, parfois captif ; on y entre et on en sort ; on commente masqué ; on prend plutôt qu'on partage ; on complote ; on se persuade entre soi ; on peut y jouer un rôle... et la bienveillance n'est pas souvent la règle. Si les chrétiens s'y sont mis avec plus ou moins de succès, certains s'y sont cramés les ailes, mais d'autres, par des contenus accrocheurs, arrivent à interpeller des « inconnus » qui, de plus en plus, poussent les portes des églises et demandent à rencontrer des chrétiens. Nos frères évangéliques ont une longueur d'avance. Bref, sur la toile, on parle de « communauté » : ne serait-il pas plus juste de parler, au mieux de groupe d'intérêt, au pire d'arène ?

S'il est vrai qu'interactions sociales, échanges, discussions sont des composantes communes entre les communautés virtuelles et réelles, pour autant dans nos communautés chrétiennes, les prêtres ne sont pas des influenceurs, ni les autres des followers... Nos communautés ont pour vocation d'être des lieux où chacun peut entrer, en vérité, pour aimer et être aimé, cheminer librement. Nous aspirons tous à des lieux ouverts, où nous serions connus et reconnus, où nous pourrions connaître et reconnaître... Comme le dit la pub de McDonald's : venez comme vous êtes !

Pour avoir beaucoup travaillé pour des diocèses ou des paroisses, je me suis parfois agacé de la réponse quasi systématique à des préconisations en communication, notamment au service de l'évangélisation... On me disait souvent : « Il faut faire Église », « Le projet doit créer l'unité », « Il faut absolument construire avec l'économe et le conseil presbytéral, le Service santé et solidarités, celui de l'écologie intégrale, l'équipe de la pastorale familiale »... et la mère Michel tant qu'on y est ! Les décideurs de l'Église préconisent de faire du lien et de n'oublier aucun groupe, aucune sensibilité, de ne vexer personne. Cela retarde parfois les choses. Une fois ma salive ravalée et avec le recul, je confesse finalement reconnaître une volonté vertueuse dans les retours qui sont faits : vouloir rassembler, chercher à faire corps, malgré les difficultés. Merci à vous chers pasteurs d'avoir cela à cœur… Naturellement je préférerais être dans le groupe qui va vite et qui performe, selon ma vision de la pastorale qui plus est. Vous me rappelez, par votre prudence, que nous sommes composants d'un même corps et que l'avis de tous mérite d'être entendu. Une jambe ne peut pas aller plus vite que l'autre, ou pire partir plein Est et l'autre viser le Sud. Finalement, ces frères différents… ne sont peut-être pas complètement à l'Ouest. Ne perdons pas le Nord, la synodalité agace parfois parce qu'elle nous déplace inconfortablement. Conversion ne signifie-t-il pas changement de direction ?

J'ai souvent été frappé par les retours entendus à la suite d'une rencontre ou formation spirituelle à laquelle nous avions participé comme organisateurs : « C'est fou comme vous êtes joyeux et unis en équipe… » Ça, c'est fort de café ! On a tout organisé, on a travaillé les topos, on a sacrifié plusieurs soirées pour la préparation, on a soigné l'accueil, on a fait des plannings, des formulaires d'inscription, des affiches, on a animé les temps de prières… et ce qu'ils retiennent c'est ce que l'on vit le plus facilement. Pareil, lors des adieux après deux ans de mission au Cameroun, les remerciements portaient sur notre témoignage de couple plutôt que sur les résultats de notre travail… Super, merci ! Mais on avait bossé surtout. On a fait l'effort et on nous renverrait seulement à la simplicité et à la joie contagieuse de la relation de l'équipe d'animation ou de notre couple ? La fécondité n'a pas été mesurée dans la performance, l'attrait s'est joué dans le témoignage d'un amour authentique et visible. Finalement, cela correspond bien à un des derniers « conseils stratégiques » que Jésus a donnés à ses apôtres pour faire grandir leur communauté : *« Je vous donne un commandement nouveau : c'est de vous aimer les uns les autres. Comme je vous ai aimés, vous aussi aimez-vous les uns les autres. À ceci, tous reconnaîtront que vous êtes mes disciples : si vous avez de l'amour les uns pour les autres »* (Jn 13, 34-35).

Lors des JMJ de Lisbonne, le pape François a rappelé aux jeunes que, contrairement aux réseaux sociaux, chacun est appelé par son prénom. Et il nous invite dans *Fratelli tutti* à une « amitié sociale authentique » comme « condition de la possibilité d'une ouverture universelle vraie » (n° 97). Un défi pour nos communautés est d'apprendre à s'y connaître entre « membres » tout en gardant l'enthousiasme à l'idée d'accueillir. Ainsi, quand nous disons « ensemble », nous devons penser à la fois à un projet commun et au respect des individualités. La fraternité est la source et la visibilité de l'amour que Dieu a pour chacun de nous sans condition. Elle doit être accessible et il me semble que les prêtres, et notamment les curés, doivent y veiller sans cesse comme un trésor fragile et précieux. Par sa position privilégiée, le prêtre entend la voix des individualités qui composent la communauté dont il a la charge et en même temps celle de la communauté tout entière. Pour vivre ensemble dans la fraternité missionnaire, il est essentiel d'être encouragé à nous convertir à la fois personnellement et collectivement. La communauté peut avoir une influence sur moi, je peux avoir une influence sur la communauté, positive ou négative ; un seul catéchise le tout, le tout catéchise un seul. Si je veux que ma communauté se convertisse, je dois commencer par me convertir moi-même. J'édifie, je me laisse édifier. Beaucoup se joue dans la qualité des relations.

Bien qu'elle concerne d'abord la vie monastique, la règle de saint Benoît nous éclaire sur la nature des relations vers lesquelles nous pourrions tendre, elle nous invite à nous obéir les uns aux autres, plutôt qu'à nous condamner mutuellement. « Que les moines s'exercent donc à ce zèle avec un amour très ardent : qu'ils se préviennent d'honneur les uns les autres ; qu'ils supportent avec une grande patience leurs infirmités, soit physiques, soit morales ; qu'ils s'obéissent à l'envi les uns aux autres ; que nul ne cherche ce qu'il juge devoir lui être avantageux, mais plutôt ce qui l'est aux autres ; qu'ils acquittent d'un cœur pur la dette de la charité fraternelle » (chap. 72).

Benoît XVI expliquait dans Caritas in veritate que « cette société mondialisée nous rapproche mais elle ne rend pas frères » (n° 19). La communion fraternelle est gratuite… voire elle coûte ! Être ensemble, en frères et sœurs, se reçoit, se choisit, se travaille. Chers prêtres, chers évêques, continuez à promouvoir cette unité. On avancera moins vite, c'est vrai, mais on tâchera de ne laisser personne sur le bord du chemin de cette fraternité. Une fraternité voulue par « Notre Père ».

Ce que vivent les volontaires du Rocher dans les banlieues, de Fidesco à travers le monde, de Simon de Cyrène avec les personnes porteuses de handicap, de Lazare avec les personnes issues de la rue, et d'autres initiatives du genre, basées sur la collaboration sont de vraies écoles de la mission, précisément parce qu'elles sont une expérience de la fraternité hors frontières, celles de nos résistances intérieures. Elles sont des écoles de vie où chacun, porteur d'une vulnérabilité ou plus vaillant, est un cadeau pour l'autre. C'est ce que confirme le pape François dans son discours aux jeunes à Lisbonne : « La rencontre demande ouverture, courage, disponibilité pour se laisser interpeller par l'histoire de l'autre. La rencontre nous transforme et nous suggère toujours de nouveaux chemins que nous n'avions pas imaginés ». Cette posture de rencontre gratuite, je like et je follow ;).

« ON EST ENSEMBLE »

Faustine Carron

Jacques, dans cette dernière partie, nous éclaire particulièrement sur le lien qui nous unit dans toute communauté, et particulièrement dans l'Église, illustré par notre propre expérience communautaire. Les mots si importants de « soumission » fraternelle, « coresponsabilité », « fraternité » prennent ainsi leur juste place et soulignent combien nous sommes nécessairement en vis-à-vis d'autres personnes et de la communauté tout entière. Après l'éclairage de Bertrand appuyé sur la compréhension actuelle des réseaux sociaux, j'aimerais dire quelques mots sur la ligne de crête où l'on avance lorsque l'on s'engage dans une communauté d'Église : rester soi-même avec d'autres. S'il est vrai que l'on va plus loin ensemble, il faut rappeler, au vu des mirages que nous traversons, que la véritable autonomie est l'*interdépendance* : être pleinement soi-même relié aux autres. Et c'est exigeant.

Contrairement aux injonctions de notre société actuelle, nous ne nous réalisons jamais seuls, nous avons besoin des autres. Choisir d'entrer dans une communauté n'est ni entrer dans un moule ni s'oublier, ce n'est pas non plus se déresponsabiliser ou penser qu'il n'y a plus qu'à suivre le groupe. Une complète indépendance comme une complète dépendance sont deux fausses routes qui, à coup sûr, nous éloignent de nous-mêmes. Répondre à un appel commun dans l'Église est toujours un engagement à mieux aimer, en même temps qu'à mieux devenir soi-même. Notre appel à la sainteté part souvent d'un désir personnel inscrit au plus profond de notre cœur et cela ne peut se vivre par substitution.

J'aime beaucoup cette expression que l'on dit lorsque l'on se quitte au Cameroun : « On est ensemble. » On le dit quand on se quitte pour quelques heures, en fin de journée, ou pour beaucoup plus longtemps. Cela peut vouloir dire que lorsqu'on est loin les uns des autres on est relié par la fraternité, l'amitié, et ce qui nous lie est fort et sécurise aussi nos vies, que l'on n'est pas seul. Cela donne confiance et élan car l'on a besoin des autres, et les autres ont besoin de nous. Et cela nous permet d'aller plus loin que ce que l'on imaginait. J'aime cette expression et la redis souvent.

Au Cameroun, cette expression évoquait aussi le fait qu'il nous faut compter les uns sur les autres. C'est parfois vital là-bas : j'ai besoin de Dieu, j'ai besoin de toi, ma vie en dépend. Peut-être est-il moins facile de le dire dans nos sociétés occidentales biberonnées au « Vis ta vie, réalise-toi toi-même. »

Dans une société où l'individualisme est intégral, je vois combien un regard d'Espérance peut redonner force et appui. Comme je vous l'ai partagé il m'a fallu de nombreux regards d'Espérance, sur moi et sur notre temps et notre Église pour que je puisse me relever grandie et peut être, je l'espère, plus humble aussi, moins forte de mes propres idéaux.

Je croise régulièrement des prêtres qui me confient leur désarroi ou leurs questionnements face à cette période si déstabilisante que nous vivons, où il est difficile de voir quel chemin prendre. « On est ensemble » sur ce chemin, et cela nous permet de nous relever les uns les autres, d'écouter les signes ensemble, d'être attentifs et délicats pour que nous continuions à avancer selon nos rythmes et nos étapes.

L'Espérance peut se lire et se transmettre dans le regard d'un autre, dans un échange contagieux qui peut redonner élan et courage. C'est une grande joie pour moi de l'avoir expérimenté là-bas. Mes frères et sœurs camerounais m'ont visitée, soignée, encouragée quand le moral était en berne, avec une grande simplicité. Nos sécurités occidentales nous empêchent souvent de voir ce trésor. Il me semble qu'un des enjeux missionnaires de notre temps est d'accepter que cet amour fraternel soit attirant et ouvert à tous.

Le risque de toute communauté c'est de ne plus voir la personne mais de ne voir que la communauté.

La communauté, quelle qu'elle soit, ne doit jamais être plus importante que la personne. Et la communauté n'existe que par les personnes qui la composent, elle n'est ni en dehors, ni au-delà.

Le charisme qui identifie la communauté est porté par des personnes qui le reçoivent et le déploient dans leur propre vie, là où ils sont, dans la vocation qui est la leur. L'enjeu est donc d'accompagner cela, non de faire rentrer dans un moule, même si des références et des rythmes « communs » sont toujours nécessaires et importants.

La communauté ne nous dédouane pas de trouver notre voie, de continuer à chercher Dieu, bien au contraire ! Nos communautés paroissiales, et les autres communautés où nous nous sentons appelés, doivent être des lieux favorables pour déployer notre vie intérieure, notre connaissance de Dieu et nos appels missionnaires : il n'y a pas deux êtres humains qui ont le même ADN, il n'y a pas deux âmes identiques. Pour une même spiritualité, un même appel dans une communauté, des chemins multiformes et des appels uniques se déploient et il nous faut courageusement continuer à être attentifs aux désirs de nos cœurs.

Un jeune rentrant d'un rassemblement à Paray-le-Monial me disait qu'il avait rencontré plusieurs prêtres de la communauté de l'Emmanuel : il voyait qu'ils avaient quelque chose de commun et en même temps ils ne se ressemblaient pas du tout, ni dans le style, ni dans le langage même si, je le reconnais, nous avons un jargon qui peut insupporter ou exclure et ici j'en demande humblement pardon. J'ai trouvé cette réflexion très vraie. Ils ont bien des choses en commun, et avec nous aussi membres de la communauté de l'Emmanuel, mais leur identité personnelle est très visible (même lorsqu'ils portent la même chemise !). Et je dois avouer que cela m'émerveille de voir leurs appels plus particuliers se vérifier, leurs désirs profonds mais aussi leurs charismes se déployer. Je l'observe chez tous mes frères et sœurs de communauté, mais je dois avouer que, sur ce sujet, les prêtres nous aident beaucoup à prendre notre appel propre au sérieux, car c'est aussi leur mission de nous aider à le discerner, de nous accompagner, de nous encourager.

Nos communautés sont des lieux d'encouragement, et le risque lorsque l'on manque de lieux « communs » est de s'affadir et de reculer (dans la vie spirituelle, nous dit la grande Thérèse, on avance ou on recule, mais on ne stagne jamais).

Les désirs de nos cœurs sont à prendre au sérieux, et oublier les désirs qui nous habitent en pensant que les autres en auront bien assez, c'est ne pas prendre au sérieux notre appel personnel à la sainteté. Le risque de ne pas avoir de désir est bien plus grand que celui d'en avoir de grands, mal ajustés. Quand ils ne sont pas complètement ajustés ou quand l'orgueil les habite, les événements de la vie et les personnes qui nous entourent sauront nous le dire. Mais lorsque l'on n'a plus de désirs, ou lorsqu'on ne les écoute plus, le risque est de se ramollir et de s'affadir.

Être ensemble, c'est aussi accepter de continuer de nous convertir personnellement, à avoir une juste connaissance de nos besoins, de continuer à nous connaître et à nous former. Et c'est alors la communauté tout entière qui en bénéficiera par une purification de l'amour qui en découlera.

J'aime beaucoup le document concernant la formation des prêtres (appelé « Ratio ») les encourageant à se former tout au long de leur vie. Il propose différentes dimensions de formation : humaine, spirituelle, apostolique et pastorale mais aussi intellectuelle. Il me semble que pour les laïcs également ces dimensions sont à explorer tout au long de leur vie. Aimer implique nécessairement de connaître, continuer à connaître Jésus, son caractère, ses gestes et ses attitudes, et connaître le monde dans lequel nous vivons et où ce n'est pas certainement par hasard que nous sommes nés. Connaître pour aimer, car on aime que ce que l'on connaît.

Être ensemble est une chance et une nécessité, mais c'est aussi une responsabilité. Et c'est à cela que nous reconnaîtrons les chrétiens, car c'est de cet amour-là dont nous aime le Christ, un amour qui rend libre, un amour qui envoie, un amour qui demande une conversion et une confiance de notre part.

> *Je vous donne un commandement nouveau: c'est de vous aimer les uns les autres. Comme je vous ai aimés, vous aussi aimez-vous les uns les autres. À ceci, tous reconnaîtront que vous êtes mes disciples: si vous avez de l'amour les uns pour les autres.* (Jn 13, 34-35)

CONCLUSION

Sur le carnet où je note les paroles marquantes et les intentions de prière partagées en maisonnée, je retrouve cette citation de Pierre Goursat, partagée par Hervé, qui l'a connu de son vivant : « La vie chrétienne, c'est comme sur une autoroute : il faut avancer ! » C'est bien beau en effet de lire ou d'écrire un livre, mais l'enjeu, c'est d'avancer. « Lève-toi, marche, avance, n'aie pas peur, va… » : autant d'appels évangéliques qui nous encouragent à ne pas en rester là. La vie du chrétien est une vie de disciple qui met ses pas dans ceux du maître, même si ce sont de petits pas. Alors, lesquels allons-nous faire ?

Commençons par recueillir en quelques lignes les principaux éléments glanés au fil de ce parcours écrit à trois cœurs et six mains. Nous avons d'abord pris conscience de ce donné essentiel de la foi chrétienne : pour établir la *communion* avec Dieu et entre les hommes, le *sacerdoce* est nécessaire. Il nous fallait en effet un médiateur, un « grand-prêtre », en qui Dieu et l'homme soient définitivement unis, qui s'offre lui-même en portant le poids de nos péchés et nous délivre de la profondeur des abîmes du mal. C'est fait. Par sa mort et sa résurrection, Jésus, l'Agneau de Dieu et notre Grand-Prêtre, nous a ouvert le Ciel et offert l'intimité miséricordieuse de son Père. Qui plus est, pour le salut du monde, par la grâce du baptême, il associe son Église et chacun de ses membres à son sacerdoce royal. En son sein, par le sacrement de l'ordre, il établit des prêtres pour que tous ses disciples, rassemblés, nourris, guidés, puissent porter dans le monde sa Parole et inviter chacun à accueillir sa grâce, sa vie divine. Pour qu'ils puissent aussi faire monter vers lui la vie des hommes, leurs appels, leur gratitude et leurs cris. Ainsi, à chaque messe, les prêtres offrent le sacrifice du Christ *en son nom* pour que les chrétiens puissent offrir *personnellement* leur propre vie quotidienne en sacrifice :

> Je vous exhorte donc, frères, par la tendresse de Dieu, à lui présenter votre corps – votre personne tout entière –, en sacrifice vivant, saint, capable de plaire à Dieu : c'est là, pour vous, la juste manière de lui rendre un culte (Rm 12, 1).

Comme prêtres, nous sommes donc appelés à une place spécifique dans le Corps ecclésial et à son service. Comme tout baptisé nous avons à recevoir et tenir notre place, rien que notre place, toute notre place. Quelle est-elle ? Nous avons ensuite décliné les différentes dimensions de notre appel à la suite du Christ Emmanuel, « Dieu avec nous ».

Avec mais pas comme : être avec nos frères et sœurs d'autres états de vie, mais pas comme eux en tout, car le sacerdoce ministériel n'est pas une fonction interchangeable : c'est une onction transformante. *Pour, mais pas à la place* : notre vocation consiste à révéler et servir celle des autres membres de l'Église mais surtout pas à occuper leur place, qu'eux seuls habiteront avec fruit. *À part, mais pas seuls* : notre ordination nous consacre à Dieu et nous configure au Christ Tête, Pasteur et Époux de l'Église. Pour autant, elle ne nous isole pas mais nous insère dans une fraternité sacerdotale qui enrichit notre fraternité commune avec tous les baptisés. Enfin, avec eux, nous sommes appelés et envoyés *ensemble* : pour répondre à sa mission, l'Église a besoin de tout l'équipage, que tous les membres du Corps soient irrigués par le sang de la charité et engagés dans le don d'eux-mêmes, chacun à sa juste place, dans une réciprocité sans domination, divers, complémentaires et unis au Christ, comme à leur Tête et à leur Cœur.

Nous vivons un *kairos*, un temps favorable, pour redécouvrir le sens et l'articulation du sacerdoce baptismal avec le sacerdoce ministériel. L'opportunité, c'est que le temps où nous sommes, pour éprouvant qu'il soit par bien des aspects, nous oblige à aller à l'essentiel de ce que le Christ nous a donné pour prolonger sa mission de salut et que la Tradition de l'Église nous transmet fidèlement. Le magistère du Concile Vatican II et des soixante dernières années nous offre un dépassement du contexte de controverses marqué par la Réforme, puis la réponse doctrinale et pastorale du Concile de Trente. Nous redécouvrons ainsi depuis quelques décennies la richesse du sacerdoce baptismal, sans pour autant dilapider le trésor du sacerdoce ministériel[1], institué par le Christ au soir du Jeudi saint pour maintenir dans son Eglise sa présence sacramentelle, source de charité qu'illustre si puissamment le lavement des pieds[2].

Un double risque existe cependant qui consiste en deux attitudes opposées, qui laissent pareillement de côté cette richesse d'une articulation fraternelle : *l'exaltation* de l'identité sacerdotale, qui peut tendre à son idéalisation et ouvrir alors la porte, d'un côté à l'appropriation personnelle avec risques d'abus, d'un autre côté au rejet avec perte de sens ; ou, à l'inverse, sa *dilution*, parfois via sa *fonctionnalisation*, qui serait une trahison de ce que nous recevons de la Tradition vivante en fidélité à l'institution des Douze par Jésus.

Au vu de l'expérience partagée ici avec Bertrand et Faustine, la réponse à ce défi est plutôt à rechercher dans une *juste position* des deux modes de participation à l'unique sacerdoce du Christ que sont le baptême et l'ordre, dans une articulation vertueuse, caractérisée par

1. Cf. Fr B.-D. de La Soujeole, « Le sacerdoce ministériel à sa juste place », *Il est vivant !* n°363, avril-juin 2024, p. 15-18.

2. Cf. J.-M. Eychenne, *Prêtres à l'école du lavement des pieds*, Salvator 2024.

une réciprocité de relations confiantes. Les prêtres sont ainsi appelés à être toujours davantage des ministres humbles et déterminés de la communion. Non seulement ministres, mais missionnaires : envoyés par leur évêque pour que la communion grandisse entre les membres du corps de l'Église et se diffuse dans le monde. Prêtres, *missionnaires de la communion* : telle est notre vocation, plus actuelle que jamais. Missionnaires de la communion au Christ et au mystère de l'Église et non pas d'un consensus mou ou d'une harmonie artificielle, bien sûr. Nous ne pourrons répondre à cette belle vocation qu'avec nos frères et sœurs des autres états de vie, afin de toujours mieux vivre ensemble la mission que le Christ confie aujourd'hui comme hier à son Église dans ce monde, *« que Dieu a tant aimé, qu'il a donné [pour lui] son Fils unique »* (Jn 3, 16). Dès lors, notre sacerdoce ministériel ne constitue pas une armure ou un paravent extérieur, mais bien plutôt une colonne vertébrale qui permet maintien et souplesse, ouverture de cœur et don généreux de soi, dans une charité pastorale à la fois reçue comme un don et travaillée avec passion. Oui, quelle joie d'être prêtre ! Quelle joie de servir ses frères au nom du Seigneur, en posant *pour* eux ses gestes *à lui*. Quelle joie de prêcher son Évangile, de donner son pardon, d'offrir son Corps et de servir ainsi son Église !

En ce Jeudi saint 2024 où j'écris ces dernières lignes, *« comment rendrai-je au Seigneur tout le bien qu'il m'a fait »* ? Avec notre évêque et mes frères prêtres, *« j'élèverai la coupe du salut, j'invoquerai le nom du Seigneur!»* (Ps 115). Et j'accueille la prédication du successeur de Pierre dans son homélie pour la messe chrismale à Rome ce matin, qui nous appelle à redécouvrir la *componction*, cette attitude du cœur qui se laisse toucher jusqu'aux larmes de repentir, comme Simon-Pierre dans la nuit de l'arrestation. Voilà la juste position pour un cœur de prêtre : tourné vers le Cœur de Jésus, recevoir chaque jour de lui la joie de la conversion et l'onction pour la mission. N'est-ce pas le sens de la célèbre formule du saint curé d'Ars : « le sacerdoce, c'est l'amour du Cœur de Jésus » ?

Prions. En nous mettant dans la foi *ensemble* devant toi, face à toi, Seigneur, tu suscites en nous, en chacun de nous, le juste positionnement. Tu édifies ton Corps, ton *Ecclesia*, dans la *koinonia*, la communion de la charité fraternelle. Communion avec toi, communion avec ton Père et notre Père, communion dans votre Esprit commun, communion des saints, entre Ciel et terre, entre cultures et personnalités, parfois si différentes ! Communion missionnaire, au cœur du monde, signe et instrument de l'union intime de chacun avec toi et de l'unité de tout le genre humain, dans la justice et la paix de ton Royaume. Amen !

REMERCIEMENTS

Avec Bertrand et Faustine qui ont accepté de se lancer dans l'aventure de ce livre commun et de la rendre possible, j'aimerais remercier aussi Gonzague de Pontac, qui l'a accompagnée patiemment de son savoir-faire éditorial et de son tact stimulant. Merci aussi à mes frères prêtres Henri-Marie Mottin et François Gonon, avec qui nous avions échangé sur les prémices de ce projet il y a déjà quelques années, ainsi qu'à Dominique Janthial et Brice Petitjean - qui me supportent au quotidien – sans oublier Michel-Bernard de Vregille, modérateur de la communauté de l'Emmanuel, pour leur soutien dans sa réalisation et leurs précieux encouragements. L'écriture de ce livre – fruit du désir de partager fraternellement une expérience et la réflexion qu'elle permet – doit aussi beaucoup à de nombreux communautaires de l'Emmanuel, frères et sœurs de maisonnée, accompagnateurs ou prêtres visités notamment : qu'ils soient tous vivement remerciés. De même, nombreuses sont les personnes rencontrées lors de mes différentes missions en Vendée qu'il me faudrait remercier, tant le prêtre que je suis aujourd'hui a appris d'elles et avec elles. L'anonymat de ces formulations trop rapides n'empêchera pas certains de se reconnaître, je l'espère. Ma reconnaissance filiale va aussi à mes évêques successifs sur le siège de Luçon pour leur confiance et leur accueil de mon appel à entrer dans la communauté de l'Emmanuel, jusqu'à servir sa mission ecclésiale quelques années en dehors du diocèse : merci pour cela à Mgr Alain Castet et à Mgr François Jacolin, ainsi qu'à mes frères du *presbyterium* vendéen qui continuent d'y servir le sacerdoce du Christ. Enfin, j'exprime ma gratitude à mes chers père et mère, ma famille et mes amis pour leur affection fidèle et leur précieuse prière auxquelles je dois tant. Si la fraternité chrétienne et sacerdotale élargit considérablement le champ des relations fraternelles, les liens de la chair, du sang et du cœur demeurent cependant de précieuses racines, poussées jusqu'au Ciel : merci !

En dernier lieu, avec Faustine et Bertrand, il nous reste à vous remercier, chers lecteurs, d'avoir parcouru ou lu ce livre patiemment : que le Seigneur vous bénisse et nous donne d'accueillir et de tenir notre place dans son Église, pour annoncer ensemble la joie de l'Évangile !

TABLE

www.editions-emmanuel.com

sepec numérique
Impression & brochage - France
Numéro d'impression : N11925240429 - Achevé d'imprimer : mai 2024
IMPRIM'VERT®
PEFC 10-31-3532